高松琴平電鉄　琴平線写真集
ことでん　旧塗色の頃
吉田明宣

夜の栗熊駅に到着の1080形。　2002.12.19

誠文堂新光社

琴平線の車両たち

1100形同士の交換。朝の通学時間帯。
太田　2003.8.29

ホテルクレメントを背にカーブを行く1070形。
片原町〜高松築港間　2002.11.29

榎井駅停車中の1070形。背後に
象頭山の威容が迫る。　2002.3.3

（上）高松近郊の長い直線区間を行く1080形。
　　　三条　2002.11.29
（下）ペア地蔵を横目に行く1080形。
　　　畑田〜陶　2003.10.12
（右）秋の讃岐路を進む1080形。元京急1000系。
　　　羽床〜栗熊間　2004.10.31

（上）桜の咲く丘の下にある挿頭丘駅。
2004.4.2

（左）春の榎井駅に到着の1200形。元京急700形。1200形は最初から琴平線標準色の白＋黄色で登場。　2007.4.6

1205のユニットは全身黄色（金毘羅さん号）となっている。文字入りとなる前の姿。
仏生山　2004.7.2

（上）元阪神電鉄の1050形。平成15年3月に引退。　滝宮〜羽床間　2002.3.1
（右）三岐鉄道出身の1013形1016。平成17年6月に引退。　三条　2002.11.29
（下）異色車1063も三岐鉄道出身。平成17年6月に引退。　榎井　2002.12.20

(上) 仏生山構内で昼寝中の1020形1032。 2004.4.2
(下) 運転席窓より。仏生山構内を正面から見る。 2002.9.13

仏生山 朱色の頃

（上）デカ1に元阪神、名鉄の車両。朱色がごろごろしていた頃。　2002.7.27
（下）下りホーム側線の1080形。電車が手に触れられる近さで休んでいる。　榎井　2002.12.20

増結車両切り離し

朝ラッシュがひと段落し、増結車両を切り離す日常風景。　仏生山　2002.11.1

思い出の平日朝運用

（左）元こんぴら2号、ことでんオリジナル1010
形1012が名鉄出身の1020形とすれ違う。
　　　　　　　　　　　片原町　1998.7.19
（上）買収国電の経歴を持つ820形820。
　　　　　　　　　　三条〜栗林公園　2002.11.29
（右）今から思えば化石のような車両だった。
1010と共に平成15年3月に引退。
　　　　　　　　　　仏生山　2002.11.1

（上）（右ページ下）名鉄出身の1020形1032。高運転台の細目で独特の表情。平成16年11月に引退。　　　滝宮〜羽床間 2002.3.1
（右ページ上）通学時の栗林公園駅。駅員さんが直立不動で1032を見送る。　三条 2002.11.29

讃岐路を駆け巡る

（左）土器川を渡る1080形。広い空間、
シンプルな鉄橋。 羽間〜榎井間 2003.8.30
（上）踏切横の小さな地蔵様。
岡田〜栗熊間 2004.4.2

（上）国道11号線踏切の横にある3体の地蔵様。
　　　　　　　　　　　瓦町〜片原町間　2002.9.13
（右）ニューレオマワールドのホテルと観覧車を
バックに快走する1080形。　岡田〜栗熊　2005.5.2

(上)お椀形の山を横目に夕刻の光を浴びて走る1016。　滝宮〜羽床間　2003.3.8
(右)羽床駅ホーム前の情景。堤山が佇む。琴平線中一番鄙びた駅かもしれない。
　　　　　　　　　　　　　　　2004.4.2

（左）六ツ目山をバックに行くイベント電車。5000形500＋1010形。大きさは大分違うも共にことでんオリジナル。
　　　　　　　　　　　　　一宮〜仏生山間　2003.3.8
（上）急行ヘッドマークを掲げ、陶駅進入のイベント電車。　　2003.3.8
（右）2003年の阪神タイガース優勝記念。阪神電鉄出身の車両にマークが掲げられた異色のイベント運転。
　　　　　　　　　　片原町〜高松築港間　2003.12.21

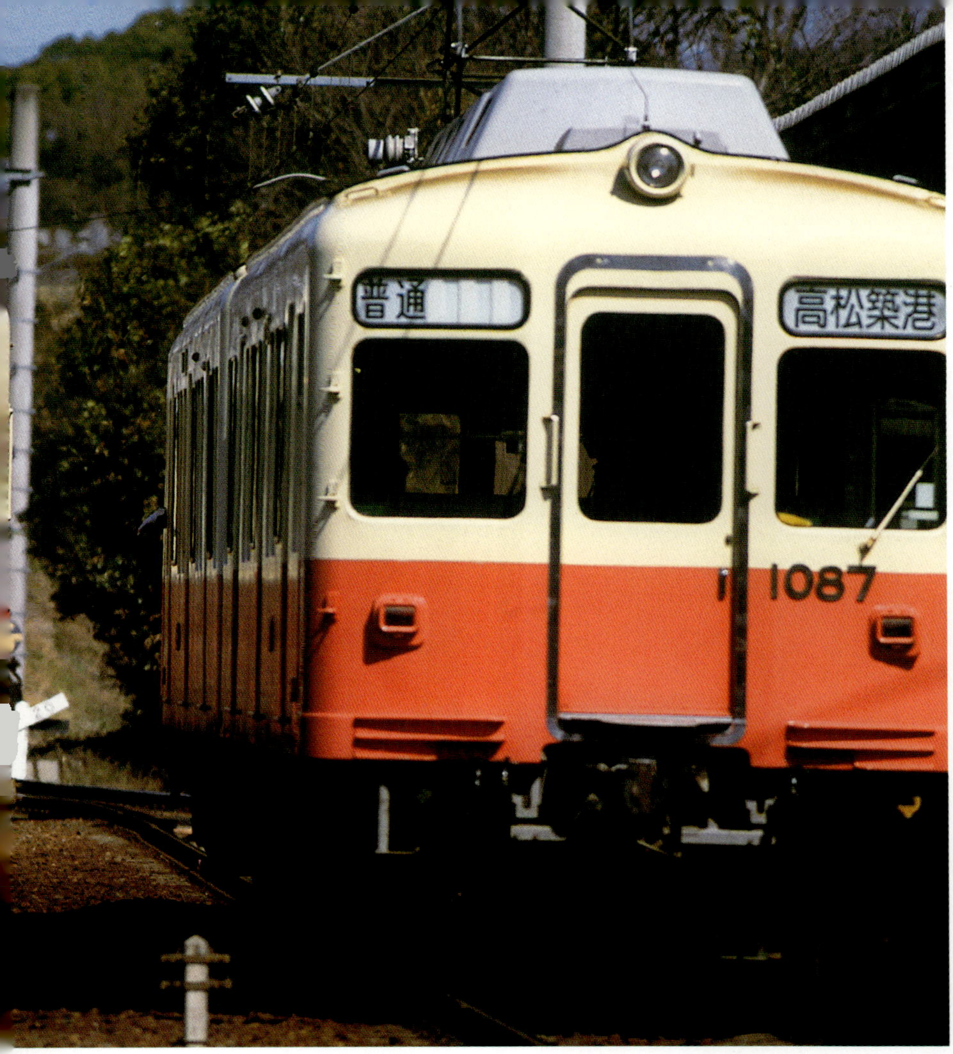
普通
高松築港
1087

Champions
HANSHIN
Tigers
2003
元阪神電鉄5231形1962年製造

さよなら イベント運転

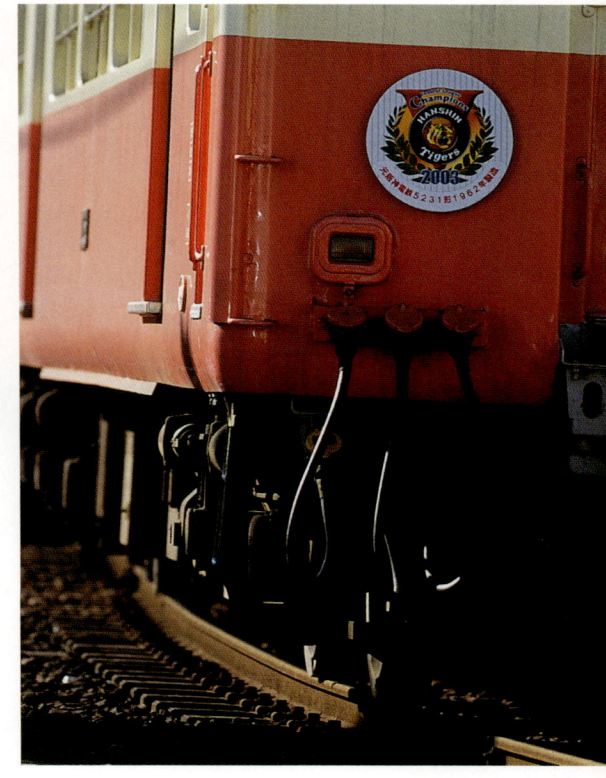

（上）ありがとう1020形。
琴電琴平で発車を待つ。
2004.11.1
（右）惜別マークを付けて
瓦町を行く1061＋1054
＋1053。阪神出身の3連。
2005.6.26

（左）さよなら運転での1032。　羽間〜榎井　2004.11.1
（上）引退イベントで実現した三岐鉄道出身の3連運転。1063＋1015＋1016。　滝宮〜陶間　2005.6.25

築港〜瓦町にかけて

玉藻城のお堀端にホームのある高松築港。お堀の水は海水。 2004.2.20

（上）高松築港、発車間際の先頭車に運転手さんが乗り込む。　2001.9.2
（下）夕ラッシュの始まり。高松築港に1080形が到着。　2003.8.13

(左）駅ビルの中に改札口のある瓦町駅。天満屋団扇を片手に待ち人を待つ。高松祭り総踊りの日。　2002.8.14
(右）ICカード自動改札化前の高松築港改札口。　2002.8.14

（左）片原町〜瓦町の直線区間。車の抜け道になっていて地域分断の鏡の様相。 2003.12.21
（下）瓦町の街中を行く1053形＋1200形4両編成。ビジネスホテル窓より。 2004.4.3

"ことでん"での通学

（左）線路内を少し歩いて駅に向かう。通学の路。
　　　　　　　　　　　　　　　滝宮　2002.9.13
（下）朝のホームに高松築港行電車が近づく。
　　　　　　　　　　　　　　　滝宮　2002.9.13
（下）バス窓が特徴的だった1010形。仏生山
　　　　　　　　　　　　　　　　　2002.11.1

（上）増結車より前の車両を眺める。　　2001.9.1
（下）電車行き違い待ちの車窓。1080形車内より。
　　　　　　　　　　　　　　　三条　2002.7.27

1053形の車内。2扉車なのでとても長いロングシート。2001.9.1

始発専用ホームで発車を待つ高松築港行1080形。 滝宮 2002.3.1

（上）琴平線下り一番電車に揺られて。　　　　　　2003.8.30
（下）朝の太田駅に1100形そごう色の電車が入線。2003.8.29

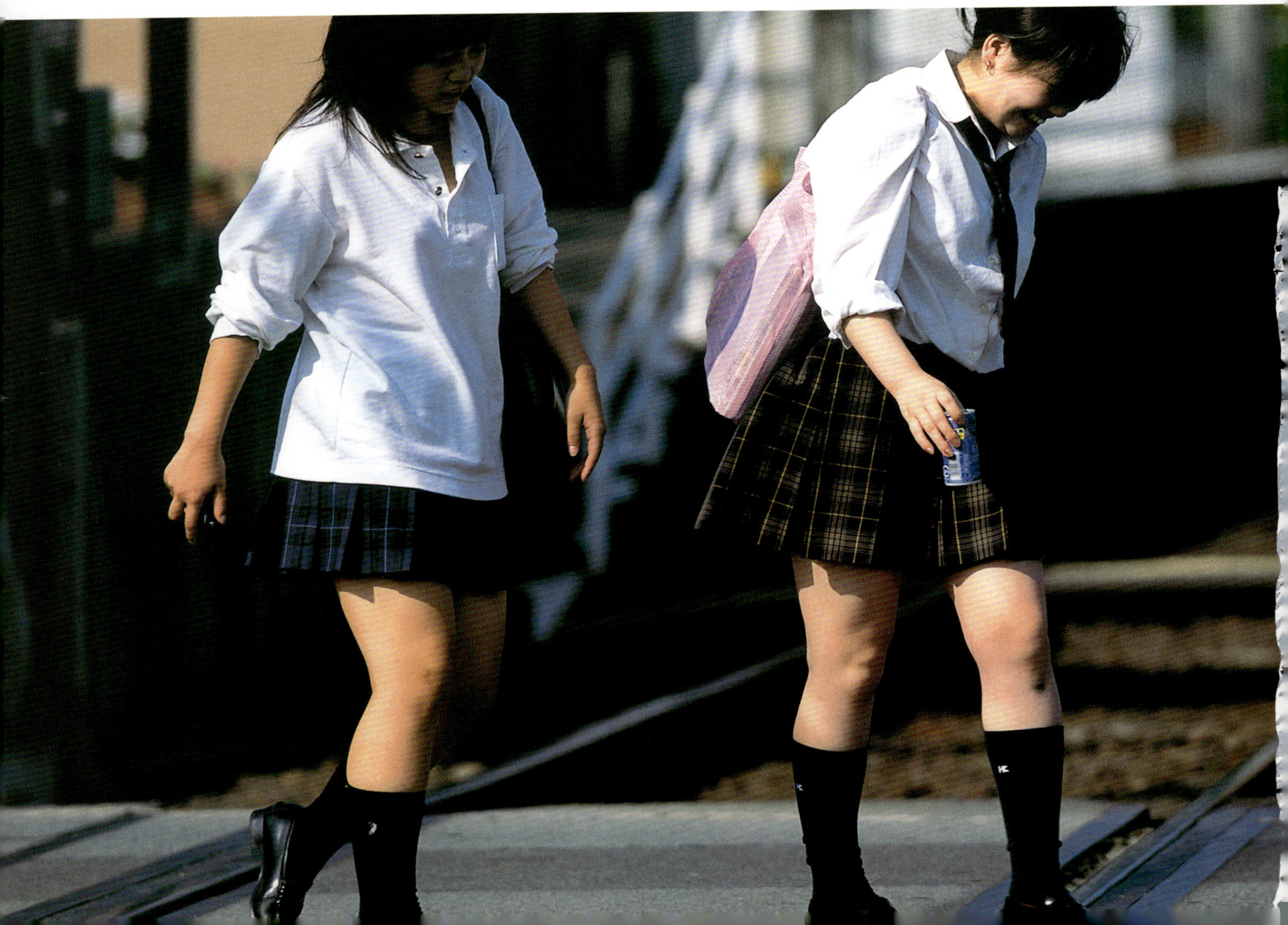

（左）電車を後にして家路に向かう。背後の線路は築港方向。　　陶　2004.7.2
（右）一宮手前の複線区間。朝の通学。
　　　　　　　　　一宮〜仏生山　2001.3.3

(上)滝宮駅舎内より。この辺り唯一の有人駅。
　　　　　　　　　　　　　　　　2002.3.2
(下)畑田駅ホーム後ろにある旧畑田変電所跡。お化け屋敷と呼ばれている。　2002.11.3

琴平電鉄創業時そのままの姿で現役として残る滝宮駅舎。最近白と青に塗装されている。
　　　　　　　　　　　　　　　　2002.9.13

滝宮駅

目指せ!! 大学(国公私)医療系 理数国
現役合格 生徒募集中高校
学援舎
〒877-2207
畑田百十四銀行北200

ことでん琴平線路線図

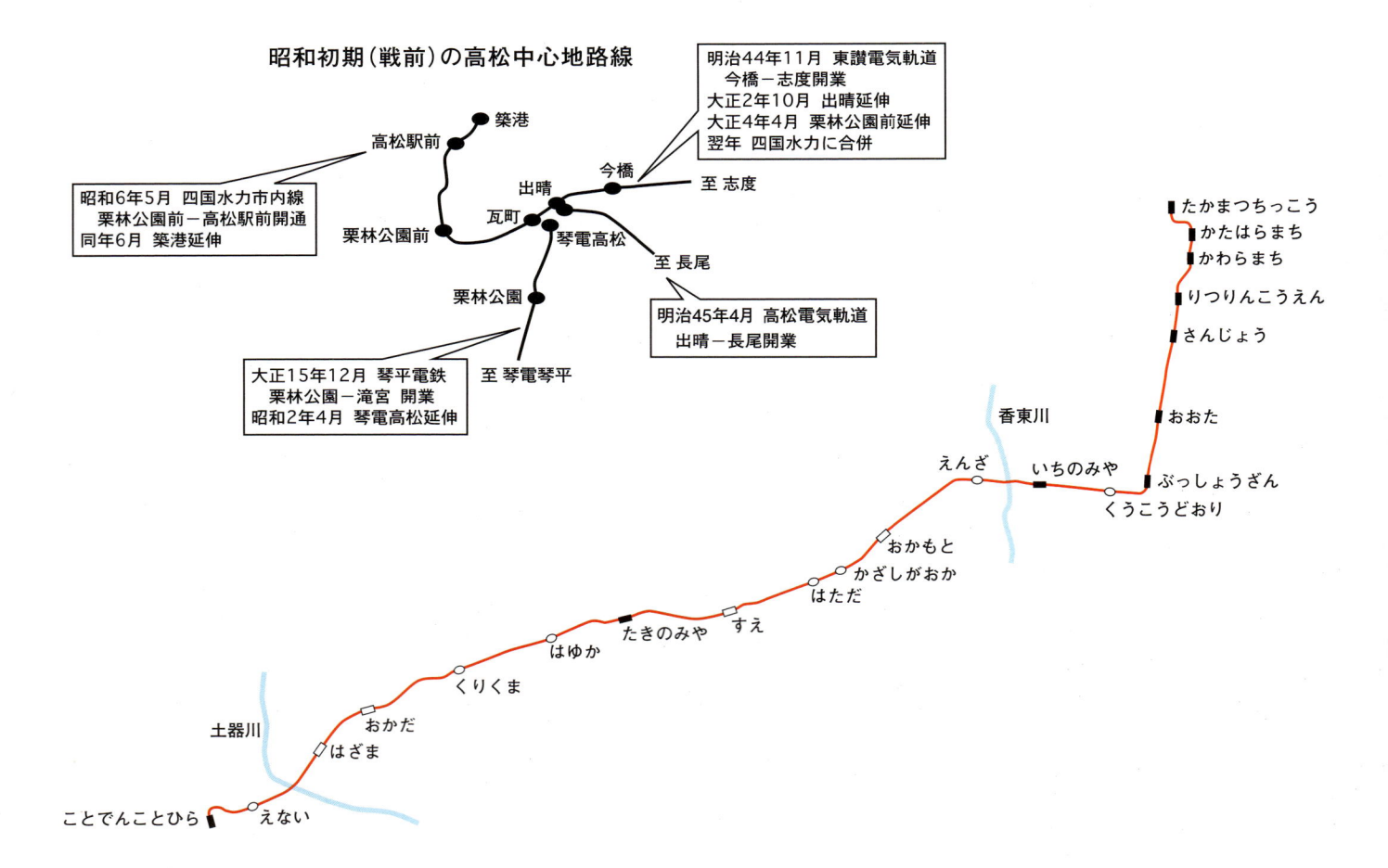

昭和初期（戦前）の高松中心地路線

明治44年11月 東讃電気軌道
　今橋－志度開業
大正2年10月 出晴延伸
大正4年4月 栗林公園前延伸
翌年 四国水力に合併

昭和6年5月 四国水力市内線
　栗林公園前－高松駅前開通
同年6月 築港延伸

築港
高松駅前
出晴
今橋
瓦町
栗林公園前
琴電高松
至 志度
栗林公園
至 長尾
至 琴電琴平

明治45年4月 高松電気軌道
　出晴－長尾開業

大正15年12月 琴平電鉄
　栗林公園－滝宮 開業
昭和2年4月 琴電高松延伸

たかまつちっこう
かたはらまち
かわらまち
りつりんこうえん
さんじょう
おおた
ぶっしょうざん
くうこうどおり
いちのみや
香東川
えんざ
おかもと
かざしがおか
はただ
すえ
たきのみや
はゆか
くりくま
おかだ
はざま
土器川
えない
ことでんことひら

48

琴平線沿線紹介
（高松築港〜琴電琴平各駅）

[お断り……]
今回の紹介では全般に「ことでん」の愛称で会社名を表記しています。正式には「高松琴平電気鉄道株式会社」ですが、新体制発足後広く親しまれている愛称名を全区間通して使わせてもらいました。
　戦前、戦後にかけての昔の記述についても正式な会社名を使った方が適当ですが、その際も今の愛称の「ことでん」を使っています。この辺り、お許しいただきたいところです。
昭和30年、40年代の事業を拡大していった頃についても、愛称で「コトデン」とカタカナにした方が雰囲気は伝わるのかもしれませんが、今回は今の視線で振り返っていることもあり、平仮名の愛称名で記しました。

高松築港

(昭和23年12月、築港駅として仮駅で開業。昭和29年、高松築港駅に改称。昭和30年9月に210メートル北側の現在地に移転)

　四国の玄関口、高松には鉄道の駅が2つある。一つはJRの高松駅。そしてもう一つがことでんの高松築港駅である。JRの駅舎はガラス張りの4階建て、コンコースは広大な吹き抜けの斬新な造りなのに比べ、ことでんの駅は小さな待合スペースに切符売りの窓口がひとつ、券売機が数個並ぶだけのとても小さな駅舎だ。改札口の向こうにはお堀の石垣が見える。2面2線のホームの1番線は琴平線の乗車ホームで、お堀が真下に見渡せる格好のロケーションである。お堀の水は何と海水で、鯛や鱸の小魚が泳いでいるのが眺められる。駅舎は仮設と見紛うほどの小ささだが、かつてはここにことでんの本社があった。また系列のグランドホテル(7階建て)が立ち並び、ひときわ大きな存在感を示していた。まさに拠点が築港だった頃である。

　昔の話になってしまうが、岡山からの連絡船が高松に乗り入れたのは明治36年。山陽汽船による連絡船で、船は岡山の三蟠と高松の間を1日1往復していた。地形の関係で岡山からは旭川を下らなければならず、岡山駅から旭川沿いの京橋までを人力車で、更に京橋から三蟠までを小型汽船で下っていた。鉄道連絡船として船を乗り継ぐのはいかにも不便で、瀬戸内を目の前に望む宇野を大型船の接岸できる港に改修し、岡山と宇野を鉄道で結ぶことが計画される。明治43年6月に岡山－宇野間に国鉄宇野線が開通、同時に連絡船は起点を宇野に変え、宇野－高松間の宇高連絡船として運行を始める。高松側も数度にわたる改修工事を経て、大型船が接岸できるようになっていた。高松は四国の玄関口として、栄えてゆくことになる。

　高松が栄える以前の四国の玄関口と言えば、天然の港のある多度津側の方で、鉄道は丸亀－多度津－琴平間を讃岐鉄道が明治22年に開通させている。高松へは遅れること8年の明治30年に丸亀－高松間が開通。当時の高松駅は海から離れた、今のJR高徳線昭和町の東側、ちょうど県立盲学校のところにあったようで、当時の住所は香川郡宮脇村西浜という、周囲は田んぼや草原だったところだそうだ。讃岐鉄道が敷いた高松までの路線は、山陽鉄道の買収を経て、明治39年に国有化されている。

　国鉄は連絡船の運航で築港付近が更に賑やかになることを見越し、宇高連絡船就航とほぼ時を同じくして、海と離れた今の県立盲学校のある辺りから、築港寄りに至るルートに路線を変更している。さらに船の接岸する桟橋前まで線路を伸ばし、高松桟橋駅として、港に真近い駅となってゆく。

　以上が高松駅の開業時のお話で、国鉄宇高連絡船は最盛期には定期便だけで一日18往復、それに宇野－高松を23分で結ぶ(連絡船の所要時間は60分)ホーバークラフト8便も加わり、本州と四国を結ぶ大動脈となった。当時の時刻表の地図には青函連絡船、宇高連絡船の航路が記されていて、それは海上なのに太線が引かれ、あたかも鉄道路線のようになっていたことを覚えている。高松を深夜に出航し未明の宇野駅で急行に接続、早朝に大阪に着くといった合わせ技で夜行になるものもあった。新幹線博多開業の昭和50年あたりが、連絡船の最盛期ではないかと思われる。築港が一番賑やかだった頃である。

　一方のことでんの歴史はというと、正式な会社名「高松琴平電気鉄道」が今の玉藻城のお堀に沿って北上するルートで築港に乗り入れたのは、昭和23年と戦後になってからのこ

とである。最初は築港駅として仮駅で開業。2年後に3階建て本社ビルを建設し桜町から築港界隈へと、本社の場所を変更。昭和29年には駅の名前も高松築港駅と変わり、翌年には線路も本社屋に隣接した、玉藻城のお堀の直ぐ近く、今と同じ位置のところに伸ばしてきた。築港の発展、時代の追い風に乗ってことでんも築港に進出したようだ。高松グランドホテルも昭和46年に華々しくオープンする。この頃が経営的に最も光っていた頃かもしれない。

連絡船の終焉が昭和63年4月9日。翌日、瀬戸大橋が開通する。快速マリンライナーが走り始め、今では早朝から深夜まで快速だけで実に一日36往復（下り39本、上り36本）が運転されていて完全な都市間輸送になっている。最終は高松1時25分着のマリンライナー77号で、この数字だけでも運転本数の多さが窺われる。これに松山、高知方面への直通特急が数多く設定されているのだから、連絡船時代を知っている人にとってはビックリ仰天の、まさに隔世の感があるのではなかろうか。

瀬戸大橋開通後の築港は、瀬戸内の島々や三宮方面への船便が発着する普通の港となり、役目を終えたJR桟橋に至る駅構内は築港界隈を分断するものとして、大きく目に付くようになった。所謂サンポート計画の始まりで、JRの桟橋に至る構内と、旧駅舎はこの高松築港周辺土地整備事業の初期の段階で取り壊されたり、更地にされたりしている。

私が最初に高松を訪れたのが平成10年（1998）9月。横浜発の夜行バスに乗って、瀬戸大橋を渡り（当時の夜行バスは淡路大橋ルートではなく瀬戸大橋経由のルートだった）高松入りした。JRの駅は大改造中で築港に面した古い駅舎は取り壊され、南口に仮設駅舎を設けて営業していた。瓦礫の山の中を工事車両が動き回っていて慌しい雰囲気だった。しかしながら、ことでんの駅は未だ整備事業の手が付けられる直前で、グランドホテルが最後の輝きを残していた。ホテルとお堀の間に隠れるようにホームがあって、そこには見るからに古い、古典的な電車が発車を待っていた。ちょうどこの平成10年頃が、ことでんの経営が苦難に面しかけた時かも

旧JR高松駅舎辺り。中央がホテルクレメント　JR高松ホームより　2000.9.3

グランドホテルのあった辺りは芝生の公園に。　高松築港　2000.9.2

しれない。その昔、系列事業を展開し築港に進出した際のことでんのシンボルが高松グランドホテルだったとすると、サンポート計画で古い築港が更地になってゆくその瓦礫の向こうに、経営難で取り壊される寸前のグランドホテルが残っていたのは、今から思えば落日の最後の輝きだったような気もする。翌年、平成11年（1999）9月に高松築港に来てみると、高松グランドホテルの建物は、いつの間にかなくなってしまっていた。

現在、ことでんの拠点が築港だった頃の面影は何もなく、本社やグランドホテルがあった場所は跡形もなく整地されて、綺麗に芝生が植えられている。建物が取り払われて、玉藻公園入口がひときわすっきりと目立つようになった。

片原町
（昭和23年2月開業）

高松築港の次の駅が片原町である。高松の町の中心は、築港よりも少し奥に入った片原町、瓦町の周辺で、こちらの方がビジネス街や繁華街に近い。瓦町以北のこの区間は戦後に路線を延長したもので、琴平線の中では最も新しく開通した区間である。昭和23年2月に瓦町－片原町間が単線で営業を開始。年内には築港に路線を伸ばし、当初単線だった線路も、翌年には複線化されている。

片原町を通る今のルートで開通したのは戦後直後のことだが、実はそれ以前、別ルートで築港まで乗り入れていた市内線の存在があった。大正時代に開通した路面電車で、市内線の起点は栗林公園前駅。といっても今のことでんの栗林公園駅の方向ではなく、JR栗林公園北口駅の至近のところに位置していた。そこから一路進路を北に取り県庁前通りを北上、国鉄高松駅前を横切り築港に乗り入れていた。

市内線の開通は大正6年。四国水力という当時の需要に合わせ伸び盛りだった電力会社の手により開通している。水力発電の優位が際立ってきた頃で、本家の発電事業だけでなく鉄道事業にも進出し、四水王国と謳われていたようだ。四国水力は今のことでん志度線の運営にもあたり、市内線の路面電車はそこから先、瓦町、出晴、今橋を経由して屋島、志度へも乗り入れていた。これは今の志度線の前身にあたるが、大元は東讃電気軌道が明治44年に今橋－志度間を開通させたものである。第2期工事として大正2年に今橋－出晴まで、大正4年に出晴－栗林公園前を開通させ、その後大正5年に四国水力に吸収合併されている。ことでんの歴史、志度線・長尾線を含めた路線の昔のことを説明しようとすると、路線ごとに違う歴史があり、どこから何を切り出してよいのやら分からなくなって来る。ひとつに上手く纏めるのがとても難しいことでんの歴史である。

出晴（ではれ）という駅名も、今は全く聞かない地名で、遠く時代の流れの向こうに消え去ってしまった駅名のようである。出晴駅は、今の瓦町駅の東側にあったようだ。琴平線、長尾線から分離している志度線のホームの方向である。この実質的な高松の中心に位置する駅に、先に乗り入れていたのは今のことでん長尾線の前身、高松電気軌道の方で、明治45年に出晴－長尾間の営業を開始している。出晴からは2社の鉄道線が一方は長尾へ、もう一方は志度へ、さらには市内線の軌道を介して築港へも向かっていた訳で、出晴が交通の要衝となっていたことが窺える。

今の志度線の瓦町駅を電車が発車すると、加速する間もなく二つの踏切を通るが、これが第二出晴踏切、第三出晴踏切という名称で、今に残る「出晴」という地名として、唯一の

ものかもしれない。

　高松の市街地の道は、ほぼ東西方向、南北方向に所謂碁盤の目上に整然と並んでいる。古くは瀬戸内に面した水城である高松城、別名玉藻城の城下町であった頃より、碁盤の目状に区画が整っていたようだ。やがて明治に入り連絡船の就航でこの区域が栄えてゆくことになり、国鉄も高松駅の場所を海に近い築港寄りに変える別ルートとし、大正時代には市内線が築港に乗り入れる。しかしながらこの区域は、昭和に入ってからの戦災で跡形もなく破壊されてしまったところである。一旦瓦礫の山となってしまい、戦後の復興・再整備として再度新しい区画を作ったので、市街地の道路の並びは際立って碁盤の目上に整っている。

　鉄道路線も、JR高徳線は市街地を大きく迂回するので別になってしまうが、ことでんの路線は戦災の影響が今の形に現れているように思われる。片原町－瓦町の直線区間や、築港付近のお堀端で左右に90度向きを変えるところなどは、今の線形が戦後の復興計画の中にそのまま取り入れられ、道路の並びと同じように碁盤の目上の区画に組み入れられているような気がする。

　高松空襲は昭和20年7月4日未明。B29爆撃機を中心とする116機の米空軍機が未明の高松上空に現れ、焼夷弾809トンを投下。市街地の8割を焼き尽くし、死者・不明者は1113名に及んだという。この四国最大の空襲によりターミナルの出晴駅は全焼。市内線は一夜にして運行不能となり再び復活することはなかった。

　路面電車の走っていた県庁前通りは、現在では官公庁、オフィスが立ち並ぶところで、国道11号線の中央通りを挟んで、ことでんの駅からはやや離れている。昔、志度行き、築港行きの路面電車が走っていたことなど、思い及ばない街並みである。

　漸く話を冒頭に戻し…

　片原町駅は兵庫町に通じるアーケード街に隣接していて、高松の中心地に一歩足を踏み入れた感じの駅である。最近塗り直されたけれども、ホームの築港寄りの、マルヨシセンター裏の古い壁に面する辺りや、こちらもつい最近自動化されたけれども、改札口周辺の雰囲気、下りホームから線路を渡って上りホームに入り、改札口を前にする辺りなど、駅の風情に戦後の雑然とした面影を感じてしまう。恐らく、昭和23年の開業以来それ程姿形を変えずに残っているのではなかろうか。

　駅の直ぐ南側の踏切が、兵庫町に続く大きなアーケードで、線路がアーケードを分断する形になっている。ことでんの線路はここから瓦町まで真っ直ぐ南下、長い直線コースとなる。アーケードは他にも、線路と並行する形でライオン通りのアーケード、更には丸亀町から南新町を経て田町に至る長いアーケード街がある。アーケードの総延長は2.7kmと日

片原町ホームに入線する琴平線電車　片原町　2004.2.20

本一だそうで、高松はアーケードの街と言って良いのかもしれない。人通りだけでなく自転車の数も、他の都市と比べて多いように思われる。

少し吃驚したのは、アーケード街のタイル張り歩道の上を車が堂々と横切ることで、人や自転車の流れのさなか、目の前に突然車が現れ横切って行くのには、アーケードのイメージがすっ飛んでしまった。こちらも日本一の堂々さではないだろうか。

アーケード街にはうどんのチェーン店もあって人気が高い。高松といえば讃岐うどんが有名であるが、瀬戸内のお魚が美味しいところでもある。私は御坊町のお店（※）によく出没するが、その帰り道、良い気持ちになってアーケード街を歩く。夜も更け人通りの少なくなったアーケード街を車が横切るのも、昼間とは違った印象である。千鳥足ふらふら不図横を見ると、薄暗いネオンの通りからヘッドライトがさあっと近づいてきて、アーケードの手前で少しは徐行するものの、人が離れていると見るや再びエンジン吹かし加速し、反対側のネオン街に消えてゆく。アーケード街を何ヶ所か車が横切るところは、やはり油断できない。

アーケードと平行に走っている線路にも小さな踏切が多く、横切る車は多い。片原町－瓦町の700mほどの直線区間には、国道11号線の大きな踏切のほか、車の抜け道となっているような踏切も数多くあって、文字通り地域分断の鏡のような様相を呈している。ことでんの踏切を渡った車は、フェリー通りを横断し、私が千鳥足で歩くライオン通り、更にはその先の丸亀町通りと2つのアーケードを横切って行く。ライオン通りは幅も若干狭く照明もやや暗めで南側の一角は怪しげな雰囲気が漂う。アーケード街と離れた線路の周辺も小さな繁華街になっていて、線路はまさに街並みを分断する形になっている。

実はこの片原町、瓦町の沿線には連続立体化の事業計画がある。両駅は高架化され、今までお堀横の高松築港駅に乗り入れていた線路はJR高松駅南側に高架で乗り入れるルートに変更される計画だった。そうなれば、この小繁華街も随分と様相が変わりそうで、何より地元の方、商店街の方にとっては待ち遠しい計画ではないだろうか。計画自体は香川県主体で高松市、ことでんと連携して進める筈だった。ただ、この話は認可を受けた（平成12年）その翌年に、ことでんが経営破綻したこともあり、計画は一時休止中で、片原町北側の高架については中止が決まっている。

はっきり言って頓挫したかに思われるこの計画も、国道11号線の立体交差化や、線路沿いに点在する小繁華街の地域分断解消による高架化のメリットはかなりあるように思われ、もしかしたら片原町－瓦町の地表を走ることでんの電車の姿が見られなくなる日が来るかもしれないと、個人的には思っている。
　　　　　　　　※清船　http：//www.kiyohune.co.jp

瓦町
(昭和2年4月、琴電高松駅として開業。昭和5年4月本駅舎完成。昭和29年駅名を瓦町駅に改称。平成8年駅ビル完成)

ことでんのターミナルである瓦町駅を思うと複雑な気持ちになる。思い出すのはコトデンそごうが店を閉めた平成13年（2001）4月から数ヶ月の間、全く店舗のない駅ビルの状態が続いたことである。改札前の広いコンコースは何かがらんとした雰囲気で、デパートがあった入口のガラスの向こうには何もない暗いフロアが見渡せ、本来賑やかなはずの夕方などはゴーストタウンに居るような気持ちがした。今もその

時の寂しさが強く印象に残っている。

　実際に無店舗だったのは僅かな（4ヶ月半の）間で、新しいテナントとして高松天満屋が平成13年9月1日にオープンしているのだが、何かもっと長い期間だったような気がしてならない。

　駅ビルの計画は昭和の時代から瓦町周辺再開発計画としてあったもので、平成8年（1996）地上11階建ての瓦町ビルが完成。翌平成9年4月にコトデンそごうが大々的にオープンしている。初日の入場者数8万6千人。当時の新聞には開店を待つ人々の長い行列が、駅ビルを取り囲むように伸びている上空からの写真が掲載されている。コトデンそごうは、ことでんとそごうが共同出資（それぞれ資本比率6割、4割）した系列会社だった。

　自動車の普及率の高い地方都市にあって、本業の鉄道が伸び悩むなか、百貨店事業にも手を広げていったようだが、いざ駅ビルが建ってみると、そこからが苦難の道程が始まる。平成10年（1998）には三条町の国道30号線沿いに、イズミによる郊外型の大型スーパー、ゆめタウン高松がオープン。巨大駐車場を備え大いに賑わう。車でアクセスできる郊外型の商業施設が伸びていた頃で、志度線沿線の国道11号線沿いや、長尾線沿線の幹線道路沿いにも、駐車場を備えた新しいスーパーやドラッグストアが進出し、ことでん沿線のお客の流れを吸い寄せることになる。高松中心地のアーケード街、古くからの商店街では顧客の流出や空洞化が懸念されるようになっていた。そんななか、そごう本社が平成12年に経営破綻する。コトデンそごうは全国に展開するそごうグループの店舗ではないものの、イメージダウンにより客足は遠のき、終に平成13年に民事再生法適用、その年の4月に店を閉めることになる。ことでんも緑のストライプの入ったコトデンそごう色のカラーリングの電車を走らせPRしていたが、お店は僅か4年間の営業だった。一方そごう色の電車はその後もしばらく走り続けていた。

　店舗がなくなり家賃も入らなくなるといった状態だったが、瓦町ビル建設に伴う借入金と、6割出資していたコトデンそごうの債務保証がことでんに重くのしかかる。私の印象に強く残っているがらんどうの瓦町ビルは、正にこの新しいテナント探し中の空白期間だった訳で、苦戦の末コトデンそごう閉店から3ヵ月後の7月に漸く天満屋が入ることに決まった。天満屋オープンが9月1日。4ヶ月半の空白期間は瓦町ビルのテナント探しに難航していたことを示しているように思う。入居にあたりオーナーに支払う保証金がないことや、家賃そのものも借入金の返済に十分見込めるような金額ではなかったらしく、随分とことでんにとっては厳しい条件であったようだ。ともあれ、新しいデパートのオープンはやはり明るい話題で、再び瓦町駅のコンコースにも明かりが灯ったような賑やかさが戻ることになる。たまたまことでんを撮りに行った私は、瓦町のビジネスホテルがどこも満員なのに吃驚した思い出がある。

　朝の開店時にお客を迎える華やかな声が響き渡りコンコースに明るさが戻ってきた。しかしながらコトデンそごうの破綻によるダメージは大きく、詳細は割愛するが、この年の10月に自主再建の道を探るべく再建計画を提示して、債務の免除も要望したものの、香川の百十四銀行を始めとして、各銀行から債務の免除の了解を得ることは出来ず、自力での再建の道は頓挫することになってしまう。終に12月7日に民事再生法の適用を申請し、事実上経営破綻を迎えることになる。

　この時の会長が大西潤甫氏。昭和43年に代表取締役社長

に就いて以来、ことでんの経営に君臨し続けた方であったようだ。琴平線の前身である琴平電鉄の創業者が大西虎之助氏で、ことでんは大西一族の会社のようでもあった。余談だけれども、以前機会があって地元の大きな本屋さんの会長に話をお伺いした際、ことでんの昔の社長がもの凄く男前だったという話を伺った。ひと言で片付けてしまえばそうなのだが、豪腕の女性会長の御年は恐らく70を越えていたと思う。それでも多分一回り上からの言い伝えなのかもしれないが、その後ことでんの社史を目にし、歴代社長の紹介で大西虎之助氏のモノクロ写真を見たとき、もしかしたら会長が言っていた社長とは虎之助氏のことかもしれないと思い出したものである。創業時の意気込みと鉄道事業に賭ける情熱。一方で創業者一族による経営ではワンマン経営、会社の私有化などマイナスのイメージも付きまとう。破綻前の経営難で喘いでいる時も、ことでんの経営に非難はあったようである。琴平線については、大西虎之助氏が創業した路線であるだけに、駅舎、車両など大西氏の痕跡が色濃く残りファンとしては少し複雑な気持ちになる。残念ながら平成13年末の経営破綻で、大西一族は責任をとる形で経営から手を引くことになる。

　ところで、社史の話がでたのでその頁をめくってみると、昔の瓦町駅全貌の写真も載っている。その写真を見ると、感慨ひとしお、その空気に触れることが出来なかったのが残念で仕方がない。高松空襲で一部欠損しながらも十角形の駅舎は残り、戦後の瓦町を見つめている。壁は色褪せ、ひびが走り窓ガラスは割れているものの駅機能の一部として生き続けていた。地表ホームの様相は、連絡橋も地下道も何もなく、電車を降りた乗客はむきだしのホーム端の階段から地表に降り、線路を跨いで他のホームや改札口へ歩く。それが高松中心地のターミナル駅だけに結構な賑わいである。戦後直後の

慌しい雰囲気が色濃く残り、それが何と平成の時代に入っても残っていた。「瓦町に戦後が残る」とまで揶揄された所以なのだけれども、そんな駅ビルになる前の瓦町の風情に接することができなかったのは、個人的に残念で仕方がない。もう少し早く気付けば、少し無理をしてでも足を運んでいれば目にすることは十分可能だった。数十年も遠い昔ではない僅かのタイミングを逃してしまった。2両編成の古い電車が行き交う旧瓦町の情景に接していたら、それがその後のことでん観に大きな影響を与えることになったと思うと、とても残念である。諸先輩の撮られた写真を見るにつけても、益々そんな気持ちが強くなる。

　不図、瓦町ビルなかりせば、とも思ってしまう。ありえない話なのだが、もしことでんが自ら大規模な駅ビルの建設に着手することもなく、駅も直接に陽のあたる地表ホームの面影を残していたら、今どんな具合だろうか。大西一族も経営から手を引くことなく、そうすると新生ことでんのあの快進撃もなく、ことでんの成長は全く別の形で、今の状況からは想像もつかないような様相を呈しているかもしれない。勿論、遅かれ早かれ瓦町駅の構内は改良を必要としただろう。それが昔の面影を残しつつの改良かもしれないし、或いは現在頓挫したかに思われる瓦町界隈の高架化が早い時期に実現していたかもしれない。

　とは言え、古い体質のことでんが存続し続けるということもありえないだろう。新生前のことでんは、冷房のない古い電車を走らせ続けることや、ワンマン的な経営体質、従業員の態度等で余り評判が良くなかったようだ。

　新生ことでんの発足が平成14年（2002）8月8日。それはびっくりするほどの変化だった。まず高松に来た私がびっくりしたのは、築港や瓦町で改札口を通る都度に明るい声で

挨拶されることだった。築港では発車の間際になると、改札口の女性が時刻、行き先を告げてくれ、新生ことでんになったことは知っていたものの、あらためてその印象を強くした。瓦町での切符の受け取りも親切で、一瞬どうしたのかしらと思うほど雰囲気が変わっていた。また、ことでんには小さな無人駅も多く下車駅では車掌か運転手が定期をチェックしたり、切符を受け取ったりするが、その様子が親切気に変わったのも、びっくりした印象だ。

　全国的にも早い時期にICカードを普及させたこともあり、今では改札口も自動になり直接の切符の受け渡しは少なくなっているものの、私が最初びっくりした勤務する方の姿勢は続いているようで、さすがに最初の頃のような驚きはなくなったものの、ことでんに乗ると、日頃首都圏で乗る電車と、車両の長さや人の多さ、車窓の風景だけでなく、どこかに新鮮な違和感があり、高松に来た感覚を強くする。聞いた話だが、全国のサービス関係の仕事を持つ企業が、ことでんの視察に押し寄せたこともあるという。

駅ビルに覆われ太陽光を浴びない瓦町ホーム。　2002.8.14

　余談ながら、俗に言う鉄道マニア、レールファンへのサービスも格段に配慮？してくれていて、普段は中に入れない車庫でのイベントの開催や、古くなってリタイアする電車のさよなら運転がその度に行われている。新生ことでんと、昔のことでんとの間に大きな断層が走っている。

　だから、もし瓦町ビルなかりせば、はあり得ないのかもしれない。出来事は半ば必然的で、昔の瓦町の面影を今に求めるなど無理なことなのだろう。今、天満屋が入っている瓦町ビルの3Fは高架の線路が突き抜けられる構造になっているという。そこにホームが設けられ、電車が駅に着くと人々は今とは逆に階段を下りて2Fのコンコースに向かうことになる。結構画期的な造りの駅かもしれない。

　が、今の瓦町のホームは端から端まで駅ビルにすっぽり覆われていて、何か味気のない、薄暗い感じのする駅である。

栗林公園
（大正15年12月、始発駅として開業。現駅舎は平成16年7月完成）

　栗林公園駅の駅舎は、平成16年というごく最近建てられたもので、屋根が三角形の作りになっている。吹き抜けもあり特徴的な駅舎である。「街の灯台」をコンセプトにしていて、夜は三角屋根の吹き抜け部に暖色系の明かりが灯る。今のことでんの本社は、この駅の改札を出て道路の向かい側、直ぐのところにある。2階建ての地味ながら綺麗な建物である。

　駅舎の三角形屋根といえば、琴平電鉄開業時に大西虎之助氏が当時の鉄道最先端地区である関西の鉄道を視察して、琴平電鉄のいくつかの駅舎も三角形の屋根を踏襲していて、いわば当時のモダンの象徴だった。栗林公園駅にも昭和42年まで創業時からの駅舎が残っていたという。それが取り壊さ

れ、平成になってから再び三角屋根の駅舎が建てられたのは、創業時の面影を偲ぶ意図もあったのだろう。

この駅は琴平電鉄開業時の始発駅でもあった。

琴平電鉄の設立が大正13年。それから2ヵ年後の大正15年12月21日に栗林公園－滝宮間の開業にこぎつけている。その開業から4ヵ月後の昭和2年4月には、栗林公園－琴電高松が開業しているので、この駅が始発駅だったのは僅かな間ではあったが。

琴電高松は今の瓦町駅の旧称で、高松を名乗る駅名からも街の中心地であることが伺われる。昭和2年には既に東讃電気軌道改め四国水力が琴電高松の至近の場所に路線を走らせていて、駅名は瓦町駅だった。琴電高松で電車を下りた乗客は、四国水力の小さな電車に乗換え、国鉄高松、高松築港方面、また反対の屋島、志度方面へと向かうことができた。現在の駅名では琴電高松改め、瓦町が残っているので、東讃電気軌道－四国水力と、志度線の創業からの流れを汲む駅名が今に生き続けていることになる。

話が瓦町駅に戻ってしまったが、栗林公園駅は琴平電鉄創業時の始発駅、また本社が置かれている駅ということで、ことでんにとって由緒ある駅と言って良いだろう。

栗林公園へ行くには駅から10分ほど西へ向かって車道を歩くことになる。公園の北側にJRの栗林公園北口駅があり、正面ではないものの距離的にはそちらの方が近い。そのJR高徳線の高架を、ことでんの線路は瓦町－栗林公園の駅間で潜る。高徳線は高松の市街地を大きく迂回した高架で抜け、栗林公園北口駅、栗林駅ともに高架上にホームがある。単線の線路をディーゼルカーが高速で突っ走る。

付近はマンション街、住宅街で学校も多い。朝夕の通勤時間帯はラッシュの様相も呈する。進学校である高松第一高への通学風景も賑やかだ。有名観光地への入口というよりも、都市近郊の通勤通学で賑わう駅である。

天下の名園といわれる栗林公園に、私は一回だけ行ったことがある。普段、観光地には全然行くことがなく、せっかく高松に来たのだから、名所旧跡に余裕があれば訪れようと思うものの、大半の時間を線路端で過ごすことになってしまい、日が暮れかける頃には疲れてぐったり瓦町近くのビジネスホテルの宿に帰って、アーケード街で一杯飲んでその日は終わり。そして次の日も同じような過ごし方をするお決まりの行動パターンが定着してしまっている。何故か、源平の争いで名高い屋島へも未だ一度も行ったことがないようである。

ことでんの電車に乗って栗林公園が近づく頃になると、右手の車窓にはなだらかな丘とも思えるような、起伏の緩やかな山がビルや住宅の合間に見え隠れする。この山の名が紫雲山で、栗林公園はその紫雲山を借景に取り入れた公園、元をただせば大名の別邸の庭園だった。ことでんの電車に乗ってオープニングとして最初に眺められるのが紫雲山で、エンディングとして終点近くでは象頭山に迎えられることになるが、高さこそ違うものの、2つの山の形が何となく細長い丘のような感じで、裾野にことでんの線路を含みこむような柔らかさで、始めと終わりを締めくくっているようである。私には、高松近郊の背後に低く聳えるこの山の姿が何か魅力的で紫雲山とセットの栗林公園の存在は、ことでんに乗る毎に気にかかっていた。たまたま、どこで聞いたのか思い出せないのだが、「松が綺麗」「そろそろ紅葉が見頃」という話を小耳に挟み、その足でふらり気紛れに訪れたというのが経緯だった気がする。

紫雲山という名前も、後から詳しいことを知ったのだが、この地にとっては象徴的な名前である。先に高松築港の紹介

で、連絡船について少し説明してきたが、その宇高連絡船で戦後最初に造られた船の名前が紫雲丸だった。終戦後の復員者の輸送などで逼迫する需要に応じるため、紫雲丸は相生の播磨造船所で昭和21年より起工され、翌昭和22年には竣工。総トン数1499t、定員は1500名、鉄道車両や貨車も積める車載客船だった。それまで、鉄道貨車の輸送には専用の貨車航送船が充てられていたが、戦前型の船は大きなものでも500トン台だったので、大きさ的にも紫雲丸は戦前型の2倍以上の大きさだった。程なく同形の眉山丸、鷲羽丸も戦列に加わり、大型の車載客船3艘は紫雲丸型と言われ、連絡船のラインナップに名を連ねた。その中でもいち早くデビューしたのが紫雲丸だった。

　紫雲丸の事故については、今更詳細を説明するまでもないけれど、計5回の事故を経験し、そのうち2つは衝突事故で海中に沈没している。2つの事故とも紫雲丸の方が沈没して、沈没後に引き上げられ、ドックに曳航され修理、再び連絡船の役割に復帰すると言う、非常に波乱に富んだ船の一生を送った。昭和25年の僚船鷲羽丸との衝突の際では7名の方が亡くなっている。そして昭和30年5月11日、霧の朝に発生した衝突事故は、国鉄史上に残る悲しい出来事となった。高松6時40分発連絡線8便紫雲丸は、6時56分、瀬戸内海上女木島西方2.4キロ付近で宇野発の貨車航送船第一宇高丸と衝突。紫雲丸は衝突個所から浸水、たった5分で沈没してしまう。乗員乗客962名のうち死者・行方不明者168名。四国、本州双方の修学旅行の児童が事故に巻き込まれたことが、事故の悲惨さを色濃いものにした。前の年には青函連絡船での洞爺丸事故も起きていて、立て続けに起こった国鉄連絡船での大きな事故だった。

　瀬戸内海中に沈んだ紫雲丸は、2ヵ月後に引揚げられ呉の造船所で修理され、11月より再び連絡船の運用にあてられる。名前は瀬戸丸と変わっていたが、昭和41年の引退まで、その後は無難に働き続けた。

　本州－四国の鉄道連絡船乗船の機会を得られなかった私も、かすかに聞いたことがある大きな事故、その船の名前が高松近郊に低く聳える山の名前だったということを余り意識したことはなく、今回少し調べてみて、ことでんの車窓から見え隠れする紫雲山が、何か象徴的な意味合いを持っていることに思い至った次第である。本四架橋の建設、特に前身が宇高航路とも言える瀬戸大橋の、他橋に先駆けての完成には、紫雲丸の事故があったことが、それから33年後、本当に瀬戸内海上に橋ができるまでの一つの方向に向かう動きを加速させたと言えるのかもしれない。

　一度だけ訪れたことのある、栗林公園。正面入口から入って、蒼然とした古い建物と松の並びが印象的だった。紫雲山は直ぐ目の前、山の傾斜が公園の一角を占めるほどの近さで見上げることができる。ゆっくりと時間をかけて歩ける周遊

栗林公園内から紫雲山を望む。　栗林公園散策路より　2000.12.1

コースになっている。その時は紅葉には少し時期が早かったが、山の緑が薄く、枯れたような色に点々と変わりかけていて山全体の色が季節によって変わることが想像され、紅葉や、新緑の季節には格好のロケーションになるだろう。

　そこを一人歩く自分だったが、思ったのは、どうも自分の感覚が風光明媚な名勝・旧跡地に積極的に足を運ぶ方向にはどうしても動かず、何故か意味もない線路端を歩く方に向かってしまっていて、少し普通の人とずれているのではないかということを、薄々感じてしまった。ことでんの電車の走ってない風景は何か物足りない。

　有名な場所でなくとも、ことでんは非常に撮りやすい路線だと思う。基本2両編成の電車が、比較的ゆっくりとした速度でガタゴトとのんびり讃岐の人里の中を走る風景は、カメラのフレームに入れて構図に収めやすい。銘々勝手に好きな場所を見つけやすいので、ゆっくりと駅間を歩いてみることがお勧めである。

三条
（昭和34年3月開業）

太田
（大正15年12月開業）

　高松築港を出て栗林公園まで続く複線区間も、その先は単線となり線路は琴電琴平まで続く。栗林公園－三条－太田－仏生山は、高松近郊の住宅地を貫く長い直線区間である。通勤、通学での利用が突出していて、ラッシュ時の増結編成での運用がフルに生かされる区間である。

　沿線を歩いていると、線路そのものは単線だけど、鉄道の敷地がいやに広く住宅の軒端との距離もそこそこあって、鉄道の敷地に余裕があることが分かる。ことでんのレール軌間は1435mmと標準軌なのだが、それでも線路一本敷いた敷地には随分と余裕がある。これには、琴平電鉄創業時に複線分の用地を確保していたという理由がある。創業時の他線との競合や、需要を見込んでのことと思われる。

　創業時、既に国鉄は多度津経由で高松と琴平を結んでいた。時間は2時間5分ほどで乗客の多くは琴平への参拝客だったようだ。国鉄が国分寺付近の丘陵地を抜け、坂出、丸亀、多度津と瀬戸内沿いの街を通り、内陸に向いてからは善通寺を経由して琴平に至るといった、かなり大回りする線形だったのに対して、琴平電鉄は讃岐平野の、起伏の少ない平らなところを直線的に結ぶ線形を選んでいる。しかも今の路線を参考にしたキロ数にしても高松－琴平間が国鉄の44.0キロに対して、ことでんの32.9キロと、ことでんの方がロスなく短い距離でに到達している。大西虎之助氏は創業当時より、高速規格の鉄道を目指していたという。それが標準軌の採用

太田駅で1070形同士の交換。　2003.8.29

と複線分の用地の買収になったのだが、複線分の用地については高松近郊で増加する輸送需要を当初より見込んでいた面もあるのかもしれない。

スピード面では開業時点で、琴平電鉄は琴電高松－琴平間60分なので、速達性では大きく国鉄をリードしていた。但し連絡線の乗り継ぎでは、国鉄は港の桟橋近くまで乗り入れていたので、本州からの参拝客の多くは、国鉄の汽車に揺られて琴平まで向かったではないだろうか。

それから80年以上が過ぎ現在の所要時間、スピードアップの比較をしてみると、JRの高松－琴平間が最速の特急で33分と1/4に迫るほどに短縮されたのに対し、ことでんの高松築港－琴電琴平間が速達列車の設定はないものの最速で57分と、創業時とそんなに変わっていない。一時は参拝客向けの急行列車の設定もあったが、今は各駅停車のみで、高速で走らすことには主眼を置いていないようだ。全線にわたり複線分の用地を確保していて、創業時は高速規格の鉄道を目指していたのだから、現況を見るともったいない気もするが、今よりも高速で走らせるとなると路盤の整理やレールの取替えなど大幅な整備が、ゴトゴトと走る電車を見たり乗ったりしていると、明らかに必要そうである。それよりも冷房車の導入やICカードでの事業展開など優先的に取り組むのに急務で、これ以上の速達性は今のことでんには必要ないのかもしれない。十分な敷地の確保と標準軌の採用で大型車の導入が琴平線ではスムーズにできた訳で、通勤・通学輸送主体の現在に生かされている。

複線分の用地の広さを生かして、三条の先では長いこと高架化工事が行われていたが、昨年漸く完成した。三条と太田のほぼ中間に平成14年3月に開通した高松自動車道の高い高架橋が線路をオーバークロスする。自動車道の下を国道11号線が走っているので、ことでんの線路にかかる踏切が長いこと渋滞のネックだった。昨年12月9日より供用が開始されたことで周辺6ヶ所の踏み切がなくなり、渋滞も解消されたことになる。電車の高架橋は高松自動車道の下を潜るので、高架橋どうしの立体交差となっている。

同じように高架化された区間が琴平線の他にもある。長尾線の元山－水田－西前田の区間で、水田駅はホーム自体も高架化された。長尾線に沿って走る高松長尾大内線での踏切渋滞が漸く解消された。

昔の水田駅は絵に描いたような島式のホームで、その下り側の一番端は階段になっていた。ホームの幅も狭まるところで人がすれ違うのがやっとの、少ない段数ながら急な階段だった。無人駅なので電車が到着すると乗客は車掌か運転手に切符を手渡すのだが、渡したその足でこの急な階段を下ることになる。幅が狭く、通れる人数も限られるので夕方などはちょっとした階段渋滞になっていた。発車したばかりの電車に触れそうな近さなので、運転手が階段を下りようとする

地表ホーム時代の水田駅。　長尾線水田　2000.7.7

お客を慌てて止めたりすることもあった。

　そんな、長くて3両編成が止まれるだけの長さの、とてもオーソドックスな島式ホームでは、上り下りの旧型車どうしの交換も多く、訪れたことのあるファンの方も多いのではなかろうか。

　水田駅付近の高架橋は平成11年には姿を現しているので、それから完成までに随分と長い時間を要している。高架の橋桁はあっても一向開業に向けた動きが進んでいる気がしなかったので、もしかしたら予算とか何かの関係で高架化自体が頓挫してしまったのでは、と思ったこともあった。

　琴平線の三条−太田間の高架線開通の2ヶ月前の10月7日に、水田界隈の高架線も漸く開通し、水田駅は真新しい高架上の駅として生まれ変わった。名物だった地表ホームでの交換や、ホーム端の階段を上り下りする風景も過去のものとなっている。

仏生山
（大正15年12月開業）

　栗林公園から続いた長い直線区間も仏生山で終わりを告げ、ここから先は今まで南下していた向きを90度西に変え、線路は琴電琴平を目指す。高松郊外を貫いていた直線区間の終端、一つの区切りの駅がこの仏生山である。三条、太田と続いていた住宅地の密集の度合いも、この辺りに来ると少し薄れてくる。

　仏生山とは何とも独特の響きを持つ地名である。町自体が駅から1キロほど南に位置する法然寺の門前町として栄えた経緯がある。江戸時代、高松藩主松平氏の菩提寺だった寺で、讃岐地方で最大の寺社だった。正確な寺の名を（寺院の呼び方で山号、院号、寺号というのがあり、この3つ全て揃えて呼ぶと）仏生山来迎院法然寺と呼び、仏生山はこの頭の部分の名称を取ったものである。穏やかな讃岐の雰囲気にぴったりと溶け込んでいる地名だと思う。

　ことでんに関心のある方は仏生山といえば車両基地があることを思い浮かべるだろう。駅構内に隣接して車両修理工場が設けられている。駅ホームの築港寄り、本線を挟んで東と西にある大きな倉庫のような建物だ。

　東側の工場の手前、下りホームすぐ後の広い構内は車両の基地になっている。ラッシュ時限定で運用された電車が日中のんびりと昼寝のように休んでいる姿が見られるところである。下り電車を下りるとすぐ目の前に、こうした昼寝の電車たちが次の出番に備えて待機している。

　平日朝ラッシュ時限定運用の車両は4両編成で、以前からなかなか味のある車両が運用に就いていた。それは、ことでんの車両群の中で第一線を離れ脇役に回った車両が当てられるので、引退も近く、全国的に見ても希少価値となっていることが理由である。

　今でこそ平日と休日の列車時刻が違う、休日ダイヤが実施されているのが当たり前のことになっているが、実は以前、ことでんには休日ダイヤは存在しなかった。平日も休日（土日）も同じダイヤだった。細かな増結などで対応していたのだろうが、高松中心地への通勤・通学需要が多いなか、手直しが必要なものだった。それがずっと放置されていた、と言っては言い過ぎかもしれないが、高松にはじめて訪れた頃、土日も平日と変わらない時刻であることを少し不思議に思っていた。

　漸く新生ことでんが発足して間もなくのダイヤ改正で、休日（土日）ダイヤが実施されることになった。新生ことでん

の改革の目玉はやはり完全冷房化のための古い車両の淘汰だったが、現実的な車両の運用についても、もうこれ以上待ったなしにメスを入れる必要があったのだろう。このダイヤ改正でラッシュ時に列車が増発された他、終電の時刻も延長されるなど手が加えられた。

　そして、平日朝ラッシュ時限定運用のスジに、非常に古い、珍しい車両が充てられる。4両編成のうち琴平寄りが820＋810の2両固定編成で、元を辿れば国鉄飯田線の前身、豊川鉄道が昭和17年に導入した半鋼製の制御車クハ100（101、102）だった。大阪・堺の車両メーカー木南車両で新生されたもので、転換クロスシートの2扉車で張上げ式の屋根、埋め込み式の前照灯を備え、扉上には弧を描いた飾りのような雨樋があり、美しい車両だった。

　豊川鉄道が昭和18年に国鉄に買収され飯田線となってからも戦後まで使用されたが、昭和27年に若干の車体改修が施されてから福塩線に転属し、活躍の場を広島に移している。車両形式改正により国鉄クハ5610形となった。

　この2両の車両がことでんに来たのは昭和37年（1962）。福塩線で廃車になり譲渡されたものでことでんでは810、820号となり琴平線での運用に就いた。昭和50年代に車体更新、ロングシートへの変更が実施され当初の面影は失われたようだ。平日朝の狠定運用に充てられた頃は、最晩年の時期で、高松築港－琴電琴平間の運用からも離れ、1010形と組んで唯一平日朝、高松築港－一宮間を数往復する姿だけが見られた。琴平寄り820号だったが、車体前面おでこ部分の板金がひび割れて痛々しく見るからに数世代前の古い車両だった。朝の運用が終了すると仏生山の待機線で昼寝の状態となる。仏生山のホームから、いつも居るその古い電車の姿が真近に見え、その意味で印象深い、親しみのある車両だった。

　その820＋810号とコンビを組んでいたのが、かつてことでんが金毘羅さん参拝客輸送の一翼として期待を込めて世に送り出した車両の1010形（1011＋1012）である。ことでんオリジナル車両（自社発注車）として昭和35年（1960）にデビュー、固定式クロスシートを備え、正面は2枚窓の湘南スタイルの颯爽とした姿だった。琴平線の急行「こんぴら2号」として活躍、高松築港－琴電琴平間を途中停車駅は瓦町、栗林公園のみで所要39分（上りは41分）で結んでいた。

　今は全て各駅の運用なので余り比べても意味はないのだが、現在の60分より20分も早かった訳である。国鉄の準急よりも早く、金毘羅輸送ではことでんが最速を誇っていた。程なく国鉄に急行が走り始めると最速の座を譲ることになってしまう。しかしながら参拝客輸送の速達性は徐々に薄くなっていったようで、数年後にはことでんから急行の運用はなくなってしまう。

　1010形の2両が一般の運用に就くと、混雑時にクロスシートの車内では収容力がなく乗降に不便ということで昭和54年にロングシート化が行われ、併せて特徴的だった前面2枚窓の湘南スタイルも、中央に乗務員移動用の貫通扉が設けられ、「こんぴら2号」だった頃の面影は失せてしまった。しかしながら側面バス窓のスタイルは最後まで維持していた。

　高松築港寄りの顔が1012号だったが、こちらも前面おでこ部分に窪んだような傷が付き、それが直されないまま朝の限定運用についていた。新登場の冷房車に混ざって働く、その最晩年の姿は古色蒼然といった面持ちだった。

　この4両（琴平寄りから820＋810＋1011＋1012）は平成15年（2003）3月に引退しているが、820＋810が買収国電（出自を戦前に国鉄に買収された私鉄とする車両の生き

残り)の全国最後に残った車両、片や1011＋1012がかつて急行用としてデビューしたことでん最後の自社発注車だったという、何とも強烈な個性の組み合わせだった。

　そのあとを受けて次の平日朝限定運用を任されたのが名古屋鉄道出身の1020形(1029＋1030＋1031＋1032)だった。名鉄時代の形式名はモ3700系で昭和32年〜34年にかけて製造されたもので、名鉄の車両群の中では非力だったこともあり、製造からわずか10年余りの昭和43年〜49年にかけて、計16両もがことでんに譲渡されることになった。ことでんでの車号は1021〜1036である。2両単位で編成を組むので計8編成が、琴平線の主力車両として讃岐路を走り回った。大手私鉄から導入した大型車両の嚆矢で、出自は他の会社に変われど、その流れは今も続く。

　1020形は非冷房車だったこともあり、冷房付きの車両が新たに導入されるにつれて徐々に淘汰されて行き、最後まで残ったのは1029〜1032の4両だった。ことでんに来た当時は、もっと古い車両が沢山居たので、全金属製の1020形は斬新で目新しく映ったようだが、最後に残った4両が平日朝の運用に就く頃は、京急から次々にやって来る冷房車の中にあって、やはり一昔前の面影が強く浮いた印象の車両だった。初代とは違って出自も形式も同じ4両だったが、築港寄りと琴平寄りの前面形状が違っていて、特に築港寄りの1032は高運転台で前面窓が小さく、細い目をした独特の風貌だった。4両とも揃って平成16年11月に引退している。

　そして現在、平日朝の限定運用に抜擢？されているのが、ことでん初の冷房車である1070形2編成4両(1071＋1072＋1073＋1074)である。昭和31年(1956)に登場した元京急600形で、京急時代は快速特急中心に運用され、前面2枚窓、固定式クロスシートの優等車だった。昭和59年(1984)に、デハ605＋デハ608が最初の編成としてことでんに譲渡され1071＋1072となった。続く編成は昭和61年にデハ613＋デハ616が譲渡され1073＋1074となった。最後の編成は昭和62年のデハ609＋デハ612で、ことでんでは1075＋1076となった。生まれは昭和32年から

平日朝運用に就く1010形。　　仏生山〜大田間　2002.11.1

2代目平日朝運用に就く1020形。　　仏生山〜大田間　2004.4.2

33年にかけてで東急車輛で製造されている。ことでん入線にあたり前面貫通化とロングシート化が実施され、京急の快特で飛ばしていた頃の湘南顔とはまったく違う顔立ちになってしまったが、2扉車で大きな窓の側面は京急時代の面影を残している。琴平線の主力車両だったが、第一線を退き2編成がコンビを組んで平日朝の限定運用に就いている。最近では1071＋1072は予備車となり1075＋1076が朝の運用に充てられているようだ。

　新しい塗色に塗り替えられはしたものの、定期運用で活躍する姿は貴重である。車齢的には先の1020形と変わらないが冷房車ということもあり、未だ現役のままだが、2扉車なので現在主力の3扉車、4扉車と比べれば乗降に時間がかかり、次に入れ替わりがあるとすればこの車両の可能性が高く、仏生山での昼寝の姿が見られるのも今のうちかもしれない。

　新生ことでんになって目に見えて変わったものの一つに、ここ仏生山構内の様子がある。以前のことでんの車両のクリーム＋朱色（ファンの間ではファンタゴレッドと言われている）だったが、今では琴平線の全ての車両（広告車とこんぴら塗色車を除く）が新しい塗色である白＋黄色に塗り替えられた。

　ホームから手に取るように眺められる仏生山構内。以前は朱色の車両がごろごろ身を横たえているのが見渡せたのが、今ではそれが全部黄色になってしまった。華やかな明るい色になった。構内の雰囲気までもががらり明るくなったような気がするが、私には昔の朱色の車両がごろごろしていた景色もなかなか濃厚な味があって悪くはなかったように思う。同じ構内で中身も殆ど同じ車両だが、不思議なことに、色が変わっただけで、全く時代が変わったような印象になった

　もうひとつ新生ことでんになって変わったことに電車のイベントが頻繁に行われるようになったことがあげられる。普段は入れない仏生山構内も、年に何回か開放される日が設けられ、展示される古典電車を間近に見ながら、その日は線路の上を自由に歩く事ができる。普段利用される地元の方を意識した地域密着をアピールするイベントで、かなり定着した印象を受ける。また、冷房車が導入され古い車両が引退する際もさよなら運転が実施され、多くのファンが沿線に集るようになった。以前から全国から注目を浴びる古い車両が走っていたことでんだが、新生ことでん以前は引退車両がある度でのセレモニーは実施されなかったのではないだろうか。古い車両が引退する際も、特にアナウンスされることなく静かに、いつの間にか居なくなって行ったような気がする。

　それはそれで、なかなか魅力的だった。いろいろな偶然が重なって、讃岐の地に種々雑多な古典電車が集結していて、時代を超えて生き延びてそれが日常生活に溶け込んだまま静かに消えてゆく。恐らく、そんな昔のことでんも堪らなく魅力的だったと思う。今のことでんのイベント運転に感謝する一方、そんな昔のことでんに今一歩接することができず、触れられなかった昔を追憶するような気持ちもどこかにある。

　初めて仏生山の車両基地が開放されたのは、平成14年（2002）12月の第一回旧型電車祭りの時だった。工場内では鉄道部品の即売オークションも行われ、構内にそれを求める人の長い行列ができていた。この時は長尾線の60形62号と67号の引退セレモニーも兼ねていて、昭和40年頃のレトロ塗色にお色直しされ長尾線でのさよなら運転が行われた。仏生山の開放日には62号は車内をフォトサロンとして構内に展示され、一方の67号は出自が買収国電の流れを汲む曰く付きの車両だったので、何と先ほど紹介した買収国電出身の810＋820とコンビを組み、高松築港－琴電琴平間での

さよなら運転が行われた。810＋820は18m車で、67号は15m車なので、その小ささが際立つ編成となったが、多くのファンに見守られながらの派手な引退セレモニーとなった。

62号と67号は新生ことでんでのさよなら運転の先駆けとなったが、それ以降旧型車の引退がある都度にセレモニーが実施され、その頻度たるや大変なものがあった。私もさよなら運転の情報を聞くと、何だか気も漫ろで足元がぎこちなくなり、さよなら運転の行われる土曜日曜をいかに工面したら高松へ行けるかばかりを考える有様となるのだが、何せ四国の地高松は遠く、さすがに皆勤賞という訳には行かなかった。季節の変わり目ごとに引退車両のさよなら運転があったような気がする。それが数年続いていた。それだけ冷房付きの車両が新たに導入されたことになるのだが、最近は漸く廃車もひと段落した印象がある。保存車両の運行や仏生山でのイベントは今後も続くと思うが、さよなら運転となると、その車両の走っている姿を再び見ることができない訳で、生きている最後の姿に接する機会なので、その重みが全く違う。それもひと段落したようなので、少しは気が楽になった感じだろうか。

かつて日本最古の現役電車を謳われた62号は、今さぬき子供の国に静態保存されている。高松空港の滑走路に近い場所なので、飛行機の車窓からも見ることができる。現役を退いたことでんの電車が静かに来訪者を迎えてくれるのである。

空港通り
（平成18年7月開業）

ことでんのなかで最も新しい駅である。琴平線では50年ぶり、新生ことでんになってからは長尾線の学園通り（平成14年開業）に続いて2つ目の開業駅となった。駅自体は国道193号線の寺井高架橋の下に隠れるような形で、真新しい奇麗なトイレの建物が目立ち、駅舎のない単線片側のホームには雨よけの庇があるだけの至ってシンプルな作りの駅である。

この辺りも高松近郊の住宅地なので、利用される方は多いと思う。瓦町周辺の車の混雑や、飲んで帰ることを考えると、ことでんの利用価値はありそうである。一宮始発の電車もあるので、日中でも15分毎の間隔で乗れてまずまずの頻度だ。

歩いて500mのところに空港リムジンのバス停があるが、空港乗換えの駅としての認知度は未だ未だ薄いようである。私自身、飛行機で来た時はこの駅を使ってことでんに乗換え高松の中心地へ向かう。利用するビジネスホテルが瓦町駅の東側にあるからで、東側だと電車の方が便利だ。リムジンバスを下りた後、いつも国道の歩道にぽつんと一人歩く形になる。

空港通りの駅で電車を待つのは、慌しさから不図抜けたようで、何ともいえない気分である。高松の街中に向かう国道193号線を線路は直角に横切るので、どちらが築港でどちらが琴平か、方向感覚が分からなかった。そそくさしているうちに至近の警報機が鳴り出し、電車がやってくる。ホームの電光掲示や電車の行先掲示を見ていれば分かるのだが、旅行感覚で浮き足立っていることもあってかそのまま乗ってしまい、乗ってから果てどちらが築港方向だったかと不安になり、車内のアナウンスを聞いて漸く安心というのがいつものパターンである。

暢気な話ではあるけれども、恐らく夕方過ぎの飛行機で高松に来て、その日は宿に着いた後、少し外に出て一杯飲みはするものの後は寝るだけという気持ちの余裕がもたらす選択肢なのだろう。

帰路はバスの時間がなかなか読みづらかったり、至近の終点一つ前のバス停で乗りづらかったりで、築港からリムジンに乗ることが多い。ちなみに瓦町に近いバス停は「県庁通り」で、運賃はバスで直行しても、ことでんに乗り換えても左程変わらない。

一宮
（大正15年12月開業。昭和62年7月移設）

円座
（大正15年12月開業）

　今の一宮駅は近年になって建てられた比較的新しい駅である。高松築港行きの電車の半数はこの駅始発なので、一宮駅は終点でもあり始発駅でもあるのだが、電車は終点一宮駅に着いても長い時間滞留することなく、数分も経たない内にそそくさと高松築港行きとなって折り返してしまう。

　旧駅は築港寄り370mのところにあったという。ちょうど田村神社の看板と敷地が間近にある辺りで、線路はそこから駅までの間複線となっている。折り返しの電車はこの部分複線の東側の、謂わば折り返し専用線を走る。
　駅の琴平寄り遠い背後におむすび形の山が見える。これが六ッ目山で、このようなおむすび形というかお椀を伏せたような形の山が、標高は低いながら平野の中にぽつんぽつんと点在している。周辺に高い山のない平地に聳えている、と言うよりも佇んでいるのでとても目に付きやすく、印象深い風景になっている。讃岐独特の地形である。
　ことでんに乗って最初に目にするお椀形の山がこの六ッ目山だ。もっとも、飛行機の窓からはそうした讃岐平野の情景が手に取るように見える訳で、そのインパクトはかなり強いものがある。また、瀬戸大橋を渡って快速マリンライナーの車窓からでも右側の車窓にお椀形の山が流れてゆく。ちょうどJR端岡駅の辺りからだと六ッ目山を西側から眺めることになるのだが、その手前にも同じ形の山が仲良く2つ並んで

田村神社横の踏切を1080形通過。　一宮〜仏生山間　2001.3.3

イベント運転日の香東川。電車車窓より。　円座〜一宮間　2007.11.4

いる。標高は低いながらも形の良い三角形である。遮るものうのない平らなところに、お椀を2つ伏せた形で並べた西側からの眺望は、何かと話題の多い山の眺めのようである。

　琴平線の運行の半数が高松築港－一宮間なので円座からは日中の間隔が30分毎と半減してしまう。平日朝夕は滝宮始発が加わるので15分毎となる。

　円座駅は単線の片側にホームがあるだけのシンプルな駅だが、昭和4年までは交換可能な駅だったと言う。その頃使っていたホーム跡が今のホームの前に朽ちた姿で残っている。

　一宮と円座との中間で電車は香東川の鉄橋を渡る。トラス桁などない最も単純な作りの鉄橋なので、電車の側面や足回りも良く見え、その故かイベント電車運転の際に最も多くファンの集まるところである。一宮寄り円座寄りそれぞれの川の堤防斜面が鉄橋を渡る電車をとらえるポイントのようで、普段は静かな川の岸辺がこの時ばかりは何事かと思うほど多くの人が三脚を立てカメラを構えているのが車窓に流れ、地元の方もさぞや吃驚されるのではないだろうか。或いはもう慣れっこになってしまっていて、いつものことやねと思われているのかもしれない。川幅はあるものの、香東川の水の流れはほんの僅かで、水無し川に近い川である。その川原の石がごろごろしている辺りにも、イベント運転当日はファンの方々が出没することになる。

岡本
（大正15年12月開業）

挿頭丘
（大正15年12月開業）

　岡本、挿頭丘の両駅とも春は桜が綺麗に咲く、桜の駅である。岡本は上り下りそれぞれのホームがあって電車の行き違いができる交換可能な駅だ。奈良須池の辺に位置していて、ホームからその大きな溜池を望める。対岸には池辺神社の桜並木もあって、水面に姿を映しながら岡本駅に入線する電車を、桜の花びら越しに見ることもできる。

　この奈良須池、実にユニークな溜池で、池がゴルフ打ち放しの練習場になっている。溜池が非常に多い讃岐独特の地形を生かした練習場で、周囲にネットを張ってないので最初来た時は気づかなかったが、静かな場所ながら時々パシッ、パシッと叩くような音がする。よく見ると池の岸辺にゴルフ打ち台のブースがあって、池に沿って弧を描くような形になっている。広い池に向かって打つというのも爽快な気分だろう。

池ポチャのゴルフ練習場。　岡本駅付近奈良須池より。　2002.3

もっとも池ポチャなので余り縁起が良いとは言えない気もするが。

　岡本の手前（円座寄り）辺りより、車窓に流れる水田のウェイトがぐっと大きくなって来る。夏の緑、秋の黄金色と稲の色が身近に感じられる。先ほど一宮から見えた六ツ目山を今度は東側から見ることになる。ことでんの電車は讃岐の低い山を借景に田園風景のなかをゴトゴトとのんびり進んでゆく。

　挿頭丘は丘陵を窪地状に切り込んだところに駅がある。崖下の駅と言った感じだ。桜は丘の上に咲く。単線片側に設けられたホームから急な石段を上がって道路に出る。窪地にかかる道路橋があって、そこから丘の上に咲く桜と、下のホームにいる電車を絵にすることができる。丘の斜面には菜の花も植えられていて春は色彩に溢れた駅となる。

　琴平電鉄による栗林公園－滝宮間の営業開始が大正15年（1926）。この区間でその後新設された駅は三条、空港通りだけで後は創業時から続いている。ここ挿頭丘も琴平電鉄創業時からある駅で、駅に下りる石段や、ホームの継ぎ足し部分などに昔の雰囲気を残している。次の畑田駅との距離は近く、創業時にこの切り通し区間と言う地形的に不利な所に駅を作る必要があったのかと言う気もしないではない。

　これには理由があって琴平電鉄の創業者大西虎之助氏は、鉄道事業と並行してこの丘陵地に宅地開発を進め、住宅地として発展させる構想をも併せ持っていた。挿頭丘田園都市構想である。実際に南郊田園都市株式会社が設立され、虎之助氏も監査役に名を連ねている。昭和恐慌や戦争などの影響もあって思うように進展しないまま会社は解散したようで、田園都市計画は構想のままで終わってしまったらしい。

　都市というものに拘るなら構想は頓挫したとも言えようが、現在この丘陵地域、そんなに建物が密集している訳でもない程よい住宅地になっている。そして丘陵の下、土地の平らなところは水田が広がっている。電車の車窓からだと、丘の上の住宅地は見えず、目に付くのはひたすら水田である。切り通し手前の築堤から見下ろす水田、切り通しを出て丘を下ったところに広がる水田と、開けた場所での車窓からの眺めはひたすら田園風景となる。電車を撮るにも良い場所である。

　ある意味、本当の田園都市かもしれない。

畑田
（大正15年12月開業）

　畑田には地元の高校生からお化け屋敷と呼ばれている建物がある。単線片側に設けられたホームの築港寄りの先端、背後にある建物がそれで窓ガラスは割れ、コンクリートは蔦に覆われ、お化け屋敷と言う形容がぴったりの古びた情緒が感じられる。両隣とも普通の住宅なのでこの建物の異物感はなかなかのものがある。

　これが知る人ぞ知る畑田変電所跡で、昭和55年（1980）

ホーム裏の旧畑田変電所跡。　畑田　2002.11.3

まで現役の変電所だった。大正13年の琴平電鉄創立から大正15年末の開業に合わせ急ぎ建てられたもので、構内には当時国内初のドイツ製水銀整流器2台の他、変圧器3台が設置され琴平線に1500Vの電力を供給した。謂わば琴平線のパワーの源だった訳で、昔の主力車両たち、1000形、3000形、5000形をこの今は朽ち果てた建物が走らせていた。大正の創業時から高松の地に1500Vの電車が走るのも破格と言えば破格で、四国水力、高松電気軌道とも600Vだった。関西の鉄道視察で影響を受けた大西虎之助氏が、時代の先端を行く高速規格の鉄道ということで1500Vの導入に踏み切った。

　戦後もしばらく琴平線の主力変電所として整流器を増備しながら孤軍奮闘していたが、昭和30年代に入ると一ヶ所では輸送需要に追い付かなくなり、瓦町変電所が開設される。その後、昭和50年代に滝宮、仏生山に新しい無人の変電所が開設され、畑田変電所は構内設備を他に移すなどして現役からは引退する。

　今ではすっかり朽ち果てているのも様になっている感じで、私は畑田に来るとわざわざホーム先端に歩いて行って、建物を眺めていたりする。コンクリートの外観が蔦に覆われているので気が付かないが、戦時中に米軍爆撃機の目を逃れるために迷彩色に塗られた時期があったようで、今もその跡が残ると言う。

陶
(大正15年12月開業)

　陶は上下線それぞれにホームがあり交換可能な駅である。築港に向かう上り電車は普通なら左側の線に入るところ、ここでは右側の線に入る。岡本駅でもそうだったが、地形の関係で例外的な右側通行になっているのだろう。乗降される方の多い駅だと思う。陶駅の住所は綾歌郡綾南町という所で、綾南町のほぼ真ん中で駅周辺に車を乗り入れることで陶だけでなく、南の綾上町から利用される方も多いようだ。

　駅を出て車道沿いを少し右の方に歩くと小川にかかる橋を渡る。その袂に壁の剥げかけた家があって車の出入りが多いので何事かと思ったら、その家はうどん屋で、駐車スペースでもうどんをすすっている人が居る。普通に見ればただの古い家だが、実はうどん屋の営業をしている所が結構ある。

　一度撮影の合間に入ったことがある。未だ食べ方も良く分からなかった頃で、玄関を入ってあたふたしていると奥におばさんが居て「ひとつ？」とうどん玉がでてきた。これに醤油をかけて食べることは聞いていたので、その通りさり気なく実行。不図横を見るとネギが一本どーんと置かれてあって、これをどうするのかと見とれていたら、奥からおばさんが堪忍できないといった感じで出てきて「ここにこう書いてあるでしょ！」とハサミでねぎを切ってくれた。成程、長ネギの横にはハサミが置かれてあって、これで切って薬味にして下さいと貼ってある。後でたまたまこのお店に行ったことがあるという方に聞いたところ、その方も自分が怒られているのかと思ったと言っていた。どうやら名物おばさんのようだ。そう言えば、良く利用する瓦町のビジネスホテルでも、セルフの朝食にうどんも食べられる。食堂に入ると奥にお婆さんがいて「うどんどうですう～」と甲高い声でうどんを作ってくれる。

　讃岐うどんと言えばその道の専門書も出ている位でとても奥が深く、私など入門編にも届かないだろう。一つ先の滝宮から歩いて10分位、滝宮橋の少し先にも普通の家の感じで、

こじんまりしたうどん屋があって、うどん玉に醤油をかけるだけの讃岐の味を堪能できる。お昼時の短い営業時間なので、なかなかタイミングが合わないのが残念。

　私自身はチェーン店のうどん屋も結構好きで、それら含めたうどん屋の数の多さは、やはりうどん王国である。普通の家タイプのお店はビールやお酒をちびちび飲みながら、腰の効いた歯ごたえのあるうどんをおつまみにとてもしたいのだが、そういうところではないので念のため。

　陶のうどん屋近くの小川は清流と言っても良い水の流れで、ハヤかヤマベか魚が群れになって泳いでいるのが見える。その先の小川にかかる鉄橋をことでんの電車がゴトゴトと音を立てて渡ってゆく。

滝宮
（大正15年12月開業）

　滝宮の駅舎は琴平電鉄創業から変わることなく現役のまま今に残る、貴重な木造の建物である。

　以前は茶色の木目の色そのままで、木造の古い建物であることが際立っていたが、新生ことでんになってから白と青に塗り直されて、存在感がやや薄くなったように思われる。ずんぐりとした三角形の屋根を持つ形状は、創業当時の流行の先端を行くものだった。

　滝宮はこの駅始発の電車もあるので、その専用ホームも持ち2面2線の駅となっている。古い駅舎は幾代ものことでんの車両を見て来たことになる。ここで今現在の車両をごく簡単に紹介したい。現役の琴平線の車両は、全て首都圏大手私鉄からの譲渡車で、通勤通学で身近に見慣れていて、いつの間にか数を減らし引退した電車が、讃岐の地の主力車両として走り回っていて、編成はまあ随分と短くなったものの、親しんだ顔を見られることを思うと嬉しい限りである。どの車両も琴平線の標準色、上半分が白（アイボリー）、下半分が黄色に塗り替えられ活躍中である。

　平日朝運用の1070形は先に仏生山のところで紹介したので割愛するが、次の新しい冷房車両として登場したのが昭和63年（1988）～平成3年（1991）にかけて登場した1080形、元京浜急行電鉄1000系である。1000系と言えば京急の屋台骨となって、高度経済成長期からの首都圏輸送を支え続けて来た車両で昭和33年の試作車のデビューからその後20年間に渡り356両が製造された京急の顔とも言える名車である。ことでんには12両（1081～1092）がやって来て2両単位の6編成となって活躍している。全て運転台付きの先頭車で、ことでん譲渡に当たり顔の部分が移植された車両もあるが、外観は京急時代と殆ど変わってないと言うよりむしろそのままなので、いつ来ても京急の電車が走っていると感じてしまう。

1080形の京急時代。京急1000系。　　京急川崎　2002.2.16

本元の京急では新1000系が数を伸ばし1000系は急速に数を減らしている。いつの間にか残数100を切っていて、名車1000系が数年後には消えるのではという噂も仄めかされる。他の地方私鉄への譲渡も何故か無いので、ことでんで走る姿は貴重になりつつある。ちなみに京急に残っている車両は屋根上に集中型のクーラーをひとつだけ載せた後期に製造された世代の車両のみである。この世代からも昨年4両がことでんに入線し、1300形となって長尾線で活躍を始めた。琴平線の1080形は京急でのデビュー時に冷房はなかったが、その後に冷房改造を受けたもので、屋根上に分散型のクーラーを4つ載せている。1000系のなかでも古い世代のもので、京急で走る姿は既に過去のものとなっている。

　1080形から少し間があって平成9年（1997）にお目見えしたのが1100形、4編成8両（1101〜1108）、元京王電鉄5000系だ。ことでんそごう開店と同じ年のデビューであることが特筆で、そごうの包装紙をイメージしたそごうカラーを身に纏っていた。白と緑の塗り分けで前から見ると顔の真ん中に緑の縦帯の入った何とも妙な顔立ちだった。ことでんそごうが経営破綻した後も、しばらくそごう色のまま走り続けたが、一昨年漸く琴平線標準色の白と黄に塗装が変わった。新塗装の1100形はとても斬新な印象で、初めて見たとき新しい車両が導入されたのかと思った。

　京王5000系は地方私鉄への譲渡のヒット作となった車両で、ことでんの他に富士急、一畑電鉄、そして同じ四国の伊予鉄でも主力車両として走っている。そのなかで新しい琴平線色のことでん1100形が一番綺麗に見える気がするのはひいき目だろうか。

　最後に紹介するのが8編成16両（1201〜1216）が在籍し琴平線の最大勢力となっている1200形。

　元京急700系でことでんには平成15年（2003）から平成17年にかけて入線した。1080形、1100形とも3扉車だったが、1200形は4扉車であるのが一番の特徴で、東京の通勤電車がそのままの姿で高松を走っている。

　京急700系は1000系量産の合間を縫うような形で、昭和

1100形の京王時代。京王5000系。　　多摩動物公園　1996.9

1200形の京急時代。快特品川行京急700系。　子安　2002.2.25

42年から84両が製造された車両で京急時代に冷房化改造が行われている。京急自社線内に限り普通から快特まで幅広い運用をこなしていた。近年は大師線に700系が結集し、大師線の主といった印象が強かった。晩年は本線運用もなくなり、大師線でも次第に数を減らし、平成17年11月を最後に引退したのは記憶に新しいところ。大師線に最後まで残った3編成も先頭車はことでんに渡り、この組は長尾線の1251〜1256号として生まれ変わっている。

　以上が琴平線現役車両のラインナップで総勢は4形式42両。電車博物館と言われた一昔前が嘘のようにすっきりと纏まっている。京王出身の1100形（台車は京急1000系）以外は全て元京急なので、さながら京急王国のような様相を呈している。これに保存車両としてレトロ電車4両と電動貨車デカ1が加わる。

　そんな車両達が、創業から立ち続ける駅舎の横を通り過ぎる。ことでんでは新車でも、全国的には貴重な車両になりつつある彼らが次の世代にバトンを渡す頃、果たしてこの駅舎はこのままの姿であるだろうか。

羽床
（昭和2年3月開業）

栗熊
（昭和2年3月開業）

　滝宮よりも先の区間は琴平線の開業に遅れること3ヶ月の昭和2年（1927）3月に開通した区間である。滝宮－羽床間は起伏に富んだところを走る。

　綾川の鉄橋を渡り、窪地状の切り込み区間をゆっくりと抜けると見晴らしの良い築堤に出る。車窓がぱっと明るくなるところである。斜面には菜の花が植えられ春先は真黄色の派手な築堤となる。

　羽床駅は単線に片側ホームが設けられただけの小駅で、琴平線の駅では一番鄙びた駅かもしれない。琴平に向かって左側にお椀形の堤山（標高201.6m）が佇んでいて、小駅と田畑、背後にお椀形の小山の組み合わせと、とてものどかな風景が見られる。普通、讃岐富士と呼ばれるのは丸亀市と飯山町に跨る飯野山（標高421.9m）でこの先、車窓からも見ることができるが、羽床駅のホームから間近に見える堤山は、規模こそ小さいもののなかなか秀麗で琴平線での讃岐富士といっても良いだろう。何より目前の風景の中に小さく纏まってくれていて、手に取って眺められるような、自分のものにしているような魅力がある。電車の中から眺めるとちょうど窓一個分に収まるような大きさである。残念ながら電車の走る姿との組み合わせは、光線の具合や線路の方向の関係で、一つ写真に収めるのはなかなか難しい。

　次の栗熊も一面一線の単純な作りの駅で、国道32号線のバイパスに隣接している。道路事情が良く、自転車や車で駅

堤山を横目に讃岐路を行く1080形。　羽床〜滝宮　2004.7.2

至近まで来やすいことから乗降される方は多い。所在は羽床までの綾南町から変わって綾歌町となる。綾南、綾歌となかなか良い地名のように思われる。駅名になっていない分、逆に初めて聞く新鮮さを抱いてしまう。綾歌なんて、まるでどこかの飲み屋さんで聞く名前のようだ。

栗熊周辺の畑地には電照菊が栽培されているビニールハウスが点在する。ホーム前には創業時、交換可能だった頃の名残の古いホームが朽ちた姿で残っている。

岡田
（昭和2年3月開業）

東南方向の丘の上に大きな観覧車とリゾートホテルが小さく望める。これが平成12年（2000）8月に経営会社の倒産により一旦閉園したものの、4年後の平成16年4月に複数の新経営陣によってリニューアルオープンされたニューレオマワールドである。岡田駅が最寄りの駅なので乗換えに便利そうだがバスの本数は少なく、丸亀コミュニティーバス（宇多津発）と琴参バス（坂出発）が一日数本乗り入れる程度で、大部分はマイカーや観光バスで直接乗り入れるパターンなのだろう。

駅は上下電車の交換可能な設備を持つ一面二線の島式ホームで、駅舎は踏切通路を渡り離れた所にある。建物は比較的新しく、ここが無人駅なのは寂しい限りである。一宮以遠で駅員さんの常駐する駅は、滝宮と琴電琴平だけで他の駅は全て駅員さんも委託の方も居ない無人駅となっている。

新生ことでんになって大きく変わったことは何だろう。地域密着、目を見張るように向上したサービスやICカード導入、イベント開催等あるが、やはり大きなものは冷房車の急速な導入だと思われる。今は全部冷房車なので非冷房車がごろごろ居た記憶も薄れつつあるが、ほんの2、3年前は未だ未だ非冷房の車両も沢山存在していた。

私が思い出すのは志度線での朝の運用で、決まって非冷房の旧型車が増結されていた。夏の朝、その写真を房前あたりの海岸線で撮ろうと馬鹿早起きをして瓦町の志度線ホームに辿り着くと真新しい冷房車の後か前に、ぽつんと一両、おんぼろの非冷房車がくっ付いている。私は勿論、非冷房車に乗り込むのだがいつも何人かの方がおんぼろの車両の方に乗っておられる。お年寄りの方、生徒さん、客層は一概には決められずで、敢えて冷えることのない、外気と同じ温度の車両に乗っているように見受けられた。ある方は、非冷房の車両に好んで乗車すると断言しておられた。私自身は冷房が苦手だからと言う訳ではなく、古めかしい車両に身を任せ、揺れと音と風、全体の雰囲気を楽しみたいと思っているので少し違うのだが、今では全て冷房車になってしまい、それもできなくなった。あの方たちはどう思っていることだろう。

一昔前まで大正生まれのオリジナル車両も一形式につき数

名古屋市交通局から来た冷房車600形。　志度線房前〜塩屋間　2005.5.2

両ずつ定期運用で残り、それに全国から寄せ集まった中古の車両が顔を揃え、その種々雑多な厳しい形相の電車たちが瓦町の夜を闊歩する様は、百鬼夜行とも形容されている。正に古典電車の聖地だった訳で、古い車両を良好な状態に保ち現役として十二分に使いこなし元を取る、ことでんにはそんな伝統がある。

そうした状況に変化が現れ始めたのが冷房車の導入だった。ことでん初の冷房車は先に紹介した1070形だが、その後次々と京急、京王出身の大型冷房車がデビューして、古い車両を淘汰したり、長尾線、志度線に追いやったりする。冷房化は琴平線を中心に進められた。

一方の長尾線、志度線は琴平線から非冷房の車両が流れてきたことからも分かるように、冷房とは無縁の非冷房化率100％の状態が続いていた。そちらの2路線が古典電車の天国の様相を呈し、全国のファンから熱い眼差しを浴びて来た訳だが、古くは600V線区だったことが示している通り車幅や重量に制約があり、首都圏関西圏私鉄の余剰車が出ても大型故に導入できなかったことが、最後まで非冷房車が残っていた理由にあげられる。

たまたま名古屋市交通局で廃車が発生し、小ぶりな車両ということで受け入れが決まり、長尾線・志度線初の冷房車が誕生した。名古屋の地下鉄が高松の街中を走るという、異色な譲渡車である。平成10年（1998）に、旧名古屋地下鉄250形の4両（251、252、261、262）がことでん600形として長尾線（601、602）、志度線（621、622）にデビューし、これにより旧型電車天国、電車博物館の異名が少しずつ崩れてゆく。新生ことでんになり会社の方針としても冷房化率100％が掲げられたことで、それまでのんびりと旧型車の定期運用も残っていた志度線、長尾線の冷房化も急に加速しだ

したように思われる。とうとう昨年夏、志度線、長尾線の旧型車が引退したことにより営業車全車が冷房車となった。ことでん念願の冷房化100％が達成されたのである。

羽間
（昭和2年3月開業）

綾歌町と満濃町のはざまにある駅で、上りホームは国道32号線に隣接し、一方の下りホーム裏は一面羽間池の辺になっている。交換可能な駅だが、現在この駅での上下電車の交換は行われていない。岡本と同じく溜池の辺の駅だが、こちらの方が丘陵地にあるせいか、静かな、時によっては神秘的な気配が感じられる。

私はこの駅で下車して岡田方面に向かって歩くのが、特に好撮影地がある訳ではないものの、何となく好きなのである。ホームの築港寄り先端を降り、羽間池の辺の小道を歩く。最近造成された小さな溜池、今滝池も見える。湖畔に佇むお地蔵さんを見ながら、その先を左に曲がって、後は線路を見失わないよう岡田方向に向かって歩くのである。途中の西池、天神池もそこそこの大きさで、池の向こうをことでんの電車がのどかに走る。遠くには飯野山のこちらは大サイズの讃岐富士が佇んでいる。最後は小さな用水路に沿って歩いて岡田駅近くに到達する。

この場所を歩くのが好きなのは、香川独特の溜池の多い地形をお手軽に身近に感じられるからだと思う。農耕地で民家も垣根のある古い家が多く、のんびりと人里の魅力を感じながら徒歩で次の駅に行くのも悪くない。花の季節や新緑の頃が綺麗なので、お弁当気分でどこか溜池の辺でビールを飲みながら豊かな景色を眺め、忙しさにまみれた日頃の鬱憤を晴

らしたいところである。

　それはともかくとして、年間降水量の少ない瀬戸内沿い、特に香川県は常に水の苦労と背中合わせで、夏になると給水制限が気にかかり、お隣の県との調整なども大変のようだ。溜池は大昔からの知恵の産物と言っても良く香川県には大小合わせて１万５千個弱の溜池がある。綾南、綾歌町の地図にも大小さまざまな池が無数に散らばっていて、数えるのも困難な程である。近年手入れがされず、放置されたままになっている池が問題になっているようだが、溜池の数は全国で兵庫、広島に次いで第３位。ただ、香川県は全都道府県の中で、面積の一番小さい県なので、溜池の密度では圧倒的に全国１位を走っている。

榎井
（昭和２年３月開業）

　榎井駅は単線片側にホームがあるだけの駅で、昔のホーム跡も残っている。そこには桜の木が２本あり春には桜の咲く駅となる。琴平方面を見やると象頭山（標高520.8m）の丘のような平らな山の姿が迫って見える。お椀形の山とは違った偉容である。この駅は琴平町の住宅地の中にある小駅なので、築港方面への通勤通学の利用が多い。高松の中心地へ行くのはJRよりも、ことでんの方が便利なのである。

　榎井と羽間の中間点で土器川にかかる鉄橋を渡る。こちらも水無川に近い川で、香東川の鉄橋と同じくトラスも手摺もないシンプルな、橋桁だけの作りなので、ことでんを撮る名所といえるかもしれない。イベント運転の多くは滝宮止まりだったことと、やはり中心地から遠いので訪れた方はそれほど多くはないと思うが、廃車が一段落した今後のイベント運転が琴平まで乗り入れるとなると、この場所も多いに賑わうかもしれない。駅から歩いて40分位と少し時間がかかるのが難点。

　話は香東川の川原に戻ってしまうのだが、平成19年の夏は大変な夏だった。お盆休みの８月11日、12日に3000形315号が引退し、さよなら運転が琴平線で行われた。ことでんオリジナル車両として最後まで定期運用を持っていたうち

溜池の辺を走ることでん。背後は飯野山。　　羽間～岡田間　2004.4.2

羽間池辺の地蔵様。　　羽間駅付近　2004.11.1

の一両で、保存されるものと廃車されるものに明暗分かれ、315号は廃車されることになった。長尾線で最後まで走り続けた旧型車の引退で、とうとう全路線での冷房化率100％が達成された、記念の夏である。保存される車両たちと手を組んでのさよなら運転となった。香東川の鉄橋は大賑わい。普段は人の影すら見えない水無の川原の石がごろごろしている辺りにも人影が見られた。

　何が凄かったのかと言うと、皆さんが茹で蛸のようになっていたことである。ファンの行動パターンは大体決まっていてさよなら運転を撮り終えると、皆大急ぎで駅に向かう。今撮ったばかりのの電車の撮影会が仏生山で行われるからで、皆が電車に乗って仏生山に集結する訳だが、皆さん赤く日焼けされていて、今度は仏生山構内の線路の上を、暑そうに歩き回っている。自分がそうだから言えるのだが、普段余り表に出ないで急に日差しを浴びると、そこが茹で蛸のように赤くなる。
川原に行く時もイベント電車の時刻に追われているようで結構必死になって歩いた。こんな炎天下の日差しの下を、夢中になって歩いた（半分走った）のは何年ぶりだろう。20年位？経っているかもしれない。

　その前月、7月7日、8日にも志度線で30形27号・28号のさよなら運転が行われ、その時はニュースで脱水症状、熱中症の注意が促される程で、そちらと言い、8月の茹で蛸の狂騒と言い、昨年夏は本当に暑い夏だった。

琴電琴平
(昭和2年3月開業。昭和63年5月新駅舎竣工)

　高松築港を出て1時間、電車は琴平手前で田圃の中の大きなカーブを曲がりながらJR土讃線を潜り、漸く終点琴電琴平に到着する。江戸時代に建てられた高灯籠のすぐ膝元にホームのある、終着駅らしい駅である。今の駅舎は瀬戸大橋の開通に合わせて造られたものなので新しく、大宮橋を渡って振り返って川の辺にある駅を見ると、駅舎もホームも非常に小奇麗な印象を受ける。先代の駅舎はモダンな北欧風コンクリート造りで三角屋根と、建物に付随した塔の部分を持ち、大西虎之助氏の創意溢れるものだったと言う。

　ことでんの路線の中にあって琴平線は、開業こそ志度線、長尾線に遅れるものの琴平電鉄創業から標準軌複線の構想、1500Vの電化路線、半鋼製の電車の導入、モダンで斬新な駅舎の建設と、当時は本州との連絡便も少なく、飛行機もなく、勿論橋も架かってない本土から離れた場所にしては破格の、変な言い方だが規格外の立派な鉄道だったのではないだろうか。

　琴平電鉄創業時の車両が、ほぼそのままの姿でつい最近まで現役で走っていて、今は保存車両として残っている。1000形120号、3000形300号、5000形500号の3両で、

昔のホーム跡に桜の咲く榎井駅。　2002.3.23

各形式1両ずつと昔を知っている方にとっては、随分と寂しい陣容になってしまったと嘆かれるかもしれないが、大正生まれの車齢80年を超えた車両が未だ動く電車として残っていることを思うと、各形式1両ずつというのは或いは贅沢なことなのかもしれない。

大正15年、栗林公園－滝宮間の開業に合わせ10両の車両がデビューした。汽車会社で新造された5両が1000形、日本車両で新造された5両が3000形である。共に15m級の3扉車で車両の両端に運転台を持つ最新鋭の制御電動車だった。前面は3枚窓。顔の違いは1000形の窓の上隅が曲線にR付けされているのに対し、3000形は直角でRがない。双方とも古典的な古い車両なので武骨は武骨だが、窓の上隅にRのある1000形の方が少し柔らかな、いじけたような茶目っ気がある。両形式とも戦前戦後を生き抜き車体更新はあったものの、原型を良く保ち大正生まれの雰囲気を今に残す。

車体の前面、側面には琴平電鉄所在を示す楕円形のナンバープレートが掲げられ、存在を強くアピールしている。このナンバープレート、オークションに出したとしたらどの位の値段がするのだろう。

創業時からのオリジナル車はもう一形式、5000形がある。増備車として昭和3年にデビュー、加藤車両で3両が新造された。同じく15m級の3扉車で登場時は片運転台の制御車だったが、後に両運転台に改造され電動車化も行われている。それ以外に大きな改造、車体更新は行われなかったようで、リベットを多く残したままの原形を保っている。見た目では

テールライトが前面窓の上にあること、妻面が平板で屋根は丸みが少ない上に通風器も載ってない。1000形と3000形は微妙に違うが、5000形には更に違った独特のいかつい風貌がある。

琴平電鉄の車両は以上の3形式13両のみで会社は戦時色濃厚な最中、鉄道会社統合の気運にも押され、昭和18年（1943）11月に高松電気軌道（今の長尾線）、四国水力の鉄道部門が独立した讃岐電鉄（今の志度線）と統合、ここに高松琴平電気鉄道が誕生する。ことでんの創設はまさにこの時で、戦時体制真っ只中のまあ何と大変な時期に会社が創られたものだと思う。社長は琴平電鉄の大西虎之助氏が就任する。

以降戦争をはさみ戦後のことでんは大西一族の会社として発展する。高度経済成長、華やかな時代を迎えるもやがては鉄道事業伸び悩みと、百貨店経営に乗り出したことに端を発する破綻。そして新生ことでんの発足とダイナミックに時を

120と300の交換。120の窓上角はRが有り少し柔らか… 長尾線花園 2000.7.7

刻んでゆく。

　冷房化率100％も達成され廃車もひと段落したと思われるので、今までのようにさよなら運転情報を聞きつけて慌てて高松に来るのでなく、取れるときに長めの休みをとって、ことでんだけでなく他のところも見に高松に来たいと思っている。

　今年になって一度、そんな肩の力の抜けた状態でふらり高松を訪れた。イベント運転も何もない普段のことでんである。この機会に今まで行ったことのない讃岐の名勝地を押さえておこうという気持ちがあった。またそれだけでなく本で読んだことのある廃線跡や遺構にも接してみたい。琴平へはことでんとJRの他に、琴平急行電鉄、琴平参宮電鉄が乗り入れていた時代もあり、同じ場所に4社もの鉄道が乗り入れていた訳で、大型バスでの移動が主での今からは想像は難しいが、大変な参拝ブームだったようだ。2社の路線は過去のものとなって駅舎やホームの遺構が残り、昔を偲ぶことができると言う。

　また、仏生山から塩江温泉へは琴平電鉄がガソリンカーを走らせていた時代もあり、塩江温泉へは是非行ってみたいと思っていた。

　朝ホテルを出て、さてどこへ向かうか思いを巡らせながら瓦町を歩いていたところ、踏切が鳴って目の前を長尾線の新型車（元京急）が通り過ぎた。それを見た途端、その生まれ変わった電車を追ってみようと言う咄嗟の気持ちが沸き起こり、いつものように窓口で一日フリー切符を買って、ホームに下りてしまった。この辺りの行動パターンはすっかり定着していて、何だかベルトコンベアーに乗った流れ作業のようになっている。

　とうとう一日長尾線沿線で過ごし、夜は瓦町で一杯飲んでやはり次の日もことでん沿線で過ごしてしまった。結局それ以外にどこにも行けなかった。有名な金毘羅さんにお参りすることもできなかった。名物の石段を未だ一度も歩いたことがないようである。

つい最近まで現役だった300。車齢80年を越える。長尾線西前田 1999.10.29

更にいかつい表情の5000形500。　長尾線高田　1999.5.15

【著者略歴】
1964年東京都生まれ。中学の頃より写真を始め、今なお各地を徘徊している。「ことでん」はライフワークのひとつ。

夕日を側面に浴びることでん。
高松近郊の住宅地を進む。
畑田〜陶間　2004.2.20

あとがき

　写真に登場した電車たちのほとんどは、白と黄色の琴平線新塗色となって、今なおばりばりの現役として活躍中です。全て京急を中心とする首都圏大手私鉄で活躍してきた車両で、それが短編成で讃岐の風景に溶け込んで走っています。琴平線の営業車は4形式42両と、昔の電車博物館の異名もすっかり薄れてはいますが、既に首都圏での活躍は過去のもので、ここでしか見られない車両も居ます。ことでんで走る姿が、今まで膨大な首都圏輸送を支え続けてきた彼等にとって最後の活躍の場になりそうです。電車博物館の異名は遥かに小さくまとまった形で生き続けているのかもしれません。

　沿線紹介でも触れましたが、さよなら運転がひと段落したこともあってイベント抜きの、肩の力が抜けた状態で高松に来たいと思っています。―弘法大師空海ゆかりの地、金毘羅信仰、四国霊場八十八ヶ所巡礼のお遍路さん―こうしたキーワードからも、何か惹かれるような、そこに行ってみたい思いに駆られる気がします。

　これだけ頻繁に高松に足を運んでいながら、電車を追いかけ線路端を歩き回ってばかりで、そうしたアプローチを一切してこなかった訳で、さすがにもっと広い目で捉える必要があるのではと感じています。が一方で、ことでんのみを十分に理解し紹介し切れているかというとそうとも言えず、力不足もあり、この本ではごく一部を偏った視線で紹介しているに過ぎないでしょう。志度線、長尾線含めた全体像となるとなおさらで「うみ・まち・さと」のことでんの魅力は、未だ未だ紹介できないほどに深いものがありそうです。

吉田明宣

高松琴平電鉄　琴平線写真集
ことでん　旧塗色のころ

2008年9月20日　発行　　　　　　　　　　NDC748

著　者　　吉田明宣
発行者　　小川雄一
発行所　　株式会社 誠文堂新光社
　　　　　〒113-0033　東京都文京区本郷3-3-11
　　　　　電話　03-5800-5753（編集）
　　　　　　　　03-5800-5780（販売）
　　　　　http://www.seibundo-shinkosha.net/
印刷・製本　広研印刷株式会社
©2008　YOSHIDA Akinobu
Printed in Japan　検印省略

万一、落丁乱丁本の場合はお取り替えいたします。
本書掲載記事の無断使用を禁じます。
®〈日本複写権センター委託出版物〉
本書を無断で複写複製（コピー）することは、著作権法上での例外を除き、禁じられています。本書をコピーされる場合は、事前に日本複写権センター（JRRC）の許諾を受けてください。　JRRC http://www.jrrc.or.jp　電話03-3401-2382

ISBN978-4-416-80893-1